井底觀世界
井底世界觀

陳莊勤 著

太平書局

井底觀世界　井底世界觀

作　　者： 陳莊勤

責任編輯： Amy Ho

封面設計： Cathy Chiu

出　　版： 太平書局

香港筲箕灣耀興道3號東匯廣場8樓

發　　行： 香港聯合書刊物流有限公司

香港新界荃灣德士古道220-248號荃灣工業中心16樓

印　　刷： 美雅印刷製本有限公司

九龍觀塘榮業街6號海濱工業大廈4樓A

版　　次： 2021年 12 月第 1 版第 1 次印刷

© 2021太平書局

ISBN 978 962 32 9362 4

Printed in Hong Kong

序言

　　我最早公開發表的文章是中學時代學校徵文比賽得第二名刊在校刊的文章，然後大學時代刊在學生會刊物的文章，均是從個人很狹窄的角度書寫，就如井底看天般看這個世界，抒發個人的感情。

　　自 1986 年起我為本地報章寫社評，後來以個人實名投稿報章及雜誌發表文章，絕大部分是香港時政評論文章，不時也會退回井底感性地看世界。2013 年初，紀文鳳小姐因看過我的一篇文章有感而與我聯繫，把我從井底拉出，帶進更多志同道合的時評作者圈子。在此之前，我就如隱藏在井底仰視香港、國家，以至這世界。

　　2015 年 60 歲生日前不久，我的二女兒陳紫欣說想看看我發表過的文章，我把電腦存檔的文稿給了她。在我生日那天晚上，紫欣帶來了幾本編好了釘裝好名為《登陸》的書，作為我的 60 歲生日禮物，書中不具系統地收集了我 2010 年到 2015 年發表過的文章。從那時開始，我便一直有把自己發表過的文章選輯成書的念頭。

　　自 2010 年到 2018 年我從井底觀看香港的文章，大部分已在《沉默不螺旋》與《不吐不快　吐而不快》兩冊輯錄。

　　《井底觀世界　井底世界觀》主要收錄過去 30 年我發表過關於我自己、我如何看自己、看周遭、看中國，以至這世界的有感而發的文章。文章中除了一部分是發表過記錄我的成長過程與我如何回顧我的成長的文章外，其他的文章主要記敘了我那不斷慢慢蛻變的中國觀和世界觀。這些文章收錄成冊的目的就如紫欣為我 60 歲生日選輯《登陸》一書一樣，不在醒世，而在自娛和與好友分享。

陳莊勤

目　錄

60 年代遺下給我的一筆財富

「歲月也許很早很早便偷走了我的童年夢想和童真，但遺給了我一筆寶貴的財富。」

看羅啟銳的《歲月神偷》，重拾 1960 年代初兒時已遺失了的歲月，赫然發現那是那麼熟悉的畫面。

還沒有進入 1970 年代大規模工業發展的 1960 年代香港，是一個平靜的年代；每一個普通人的身旁，總有一些做小買賣的朋友或鄰居。《歲月神偷》裏羅進二的父親在深水埗開了一間小小的鞋檔。1960 年代初，我的父親在浣紗街（當時整條街仍是明渠）的一條大坑盡頭旁的山邊，開了一間柴檔，每天光着身子把運來粗粗的樹幹劈成柴枝，送交那時即使是大坑道上的洋房大宅也仍是燒柴的廚房。

父親的柴檔，很早已被歲月的巨輪捲走，浣紗街中間的大坑早已被歲月掩蓋成停滿了汽車的馬路，40 多年前放滿父親劈開的一堆堆柴枝和一堆堆柴枝前大坑區民每年中秋節前紮火龍的地方，今天已成為房屋協會總部。

小時候，家在九龍紅磡山谷道上的木屋，父親不常回家。母親每隔一段時間總會帶着我和姐姐老遠從九龍紅磡家跑過去看我

的父親。有一年春節前，父親帶着我們從他的柴檔走出浣紗街，過了馬路，沿着一條小明渠上的行人小橋走往維多利亞公園的年宵市場。在那行人小橋上，父親指着小橋旁的學校，說這是香港很好的學校，只有最好的學生才能考進去。

《歲月神偷》裏任達華飾演的父親很清楚知道要自己的兒子考進離他鞋檔不遠的拔萃男校。幾年後在我升中的時候，母親已經去世，廣泛流行的火水爐（煤油爐）淘汰了父親的柴檔。我沒有進入離父親柴檔不遠的皇仁書院，而是去了離他柴檔很遠很遠的英皇書院。我不知道是因為在為我選校時父親改變了主意，認為英皇書院才是最好的學校，還是因為我選校時他已離開了大坑，他已沒在意那明渠小橋旁邊的學校是英皇還是皇仁。這是一個謎，40 多年後的今天，我仍不知道答案，也不想知道。

《歲月神偷》中羅進二的哥哥因血癌結束了年輕的生命，任達華與吳君如得到消息後所流露的悲傷、無助與無奈的表情，使我想起 40 多年前有一天我的父母帶着同樣的表情回家，我的一個妹妹被血癌奪去了她才幾個月的生命。我的另一個弟弟，也同在那年代被血癌奪走，在漆黑的戲院裏，我在抹掉流自眼角的淚水。

我想大多數從 60 年代走過來的上一輩，都會同意那是一個平靜、貧窮、不公、充滿苦難、無助，也無奈的年代。電影中任達華為了買血輸給自己的兒子把無名指上結婚戒指當掉。我的父親在母親去世後不再做小買賣轉而開始他一生人第一次打工。有一天晚上，回到家裏，他很無奈地從口袋裏掏出只剩下的三角錢，第二天早上他還要花七角錢的巴士及火車票老遠從九龍轉車

到沙田上班。第二天他很早出門。我不知道那天早上他是如何上班的，這是另一個謎，到今天我仍不知道答案，也不想知道。

電影中的外籍督察與任達華為了他的鞋檔該付多少保護費給警察而討價還價，1961 年的一場大火，燒掉了紅磡山谷村的木屋區，也燒掉了我媽媽帶着我和姐姐住的木屋，那天晚上，媽媽拖着我和姐姐從火光紅紅的山頭跑下山腳，消防車停在山腳，沒有救火。人們後來說，那夜消防員與山腳下店舖的人正在討價還價。

山谷村的木屋燒掉後，政府把我們安置在新蒲崗的木屋區。電影中 60 年代那次 10 號風球颱風吹掉了羅進二父親的鞋檔，羅進二的父母親在颱風中拉着屋頂不讓它被狂風吹去。那是同一次的 10 號風球颱風，那天晚上，媽媽以脆弱的身軀擋着門前湧進的雨水，我和我那還不到十歲的姐姐在碌架牀的上格拉着木屋頂上那快要被狂風吹走的天窗。

雖然面對貧窮和不公，但在那個年代，我的父母親如同很多他們那年代的人一樣，沒有埋怨，只是逆來順受咬緊牙關地熬下去，不為自己，只為了下一代能有更好的日子。他們一次又一次面對艱困時的精神，也彷彿在一次又一次告訴我們要努力，不要埋怨。今天我們處於一個豐裕的社會，今天的豐裕慢慢偷掉了我們上一代曾經艱苦奮鬥過的記憶。除了那些不撓的奮鬥外，歲月還從我們當中偷掉了多少其他的東西？

1996 年香港回歸前夕，《明報週刊》辦了一期叫「我們是這樣長大的」的特刊。特刊內羅啟銳在一篇名為〈今夜、誰來偷東西〉的短文中說，1982 年秋天中英為香港前途的談判破裂引發

港元暴跌，偷掉了他儲蓄了三年的學費的一半，他這樣寫：「然後，戴卓爾夫人摔了一跤……我驀然驚覺，於無聲無息之中，有人偷走了一個城市，有人偷走了一個夢想，有人甚而偷走了一個國家。」

然而，就如羅啟銳電影所表達的一樣，歲月也許偷走了我們很多很多的東西，包括親情和我們至愛的人；但也留給了我們一些東西，他們永遠活在我們的回憶裏。

平靜、艱苦、充滿苦難和不公的 60 年代也許偷走了我的母親、我的兩個弟妹和很早很早便從我身上偷走了正常小孩應有的夢想和童真，但它也給我留下了一筆寶貴的財富。

中央電視台著名主播白岩松先生曾經說過「苦難是一筆財富」。我常常對我的三個女兒說：「妳們的童年遠比我的童年豐裕，但我的童年遺下給我一筆妳們不曾擁有、也永不會擁有的財富。」

（原文發表於 2010 年 4 月 4 日）

獅子山下的真實故事

人們說「景物依舊、人面全非」。我要說的是「景物不再、人情仍在」。

5月初的時候，參加了我曾就讀的基英小學 50 週年校慶的一次很奇妙的聚會。

上世紀五、六十年代中華基督教會在香港開辦了 21 間名字以「基」字為首的小學。基英小學開校時，校舍在才剛建好舊橫頭磡徙置區第 6 座地下。第 6 座在九龍摩士公園旁邊，走過龍翔道便是獅子山。那時摩士公園還不存在，只是一片泥塵滾滾荒蕪之地。兒時我家在橫頭磡徙置區第 6 座、在樓下的基英小學上學。我的小學同學，最多的是住在橫頭磡和來自獅子山上的竹園木屋或石屋平房區，還有來自黃大仙和今天稱為樂富的老虎岩。

基英小學在 1963 年開辦，在 1981 年因區內適齡學童大幅減少而結束，基英小學這 18 年見證了那獅子山下的一代。我在這裏講的是獅子山下的真實故事。

在那個貧困的年代，並不是每一個人都可以完成小學教育。基英開校，我進入下午校三年級，有 5 班；四年級剩下 3 班；五年級再淘汰為 2 班；到六年級要考升中試的時候，只有 1 班。而六年級 40 位同學也並不是每一位都可以參加升中會考的。我那

年，老師只選了六年級班中 26 位同學參加升中試；餘下的十多位同學，學校安排他們參加中華基督教會中學的統一收生試。

那是那年代的精英中的精英。與我一起參加升中試的同班同學，每一個都考進了那年代頂尖的中學。

然而，那到底是一個貧窮也不公的年代，並不是每一個考進中學的人都可以完成中學教育。住在橫頭磡一位與我一同考進英皇書院的同學，他母親是賣菜的，每天早上不到 5 時他便起來與母親到長沙灣菜欄買菜回橫頭磡、幫助母親安頓好菜檔，才回家換校服，開始一個多小時漫長的巴士、渡海輪、再坐巴士到港島西區上學的旅程。中二下學期那年，他對我說太累了、不再讀下去了。這樣的生活，對一個十三四歲的孩子來說，也委實是太累了。

這便是那個年代，中途輟學就是那樣普遍的事情。我的同學被迫不再在英皇書院讀下去，他的母親沒有呼天搶地，也沒有如二三年前因兒子不獲英皇書院取錄，便認為社會對他兒子不公而要在金鐘馬路上的天橋跳橋的父親那樣大吵大鬧。面對現實的殘酷和不公，我的同學、他的母親，無奈、無聲地默然接受；然後收拾心情，努力地、尊嚴地走不同的人生道路。

基英小學 50 週年聚會早在一年前由下午校一些熱心的校友在 Facebook 發起，令我感動的不單是重遇那些失散了的校友，也有那些失散了多年的鄰居。那天晚上，一位 50 多歲的女士跟我打招呼，我忘了她是誰。她告訴我她是住在我家後面，同讀「基英」比我低一兩班的「阿雲」。我忽然想起，然後告訴她，我那同是基英校友的弟弟要找他的弟弟，也是同在基英讀小學的

「阿江」。

「阿江」在不到 10 歲時，有一天不知玩甚麼遊戲割破了嘴唇，唇上有一個半吋裂開的傷口到鼻孔旁，他沒有理會。那年代，一點點的皮外傷，誰去理會？「過幾天血乾了，傷口會自己癒合」老一輩的都這樣說。「阿江」的母親也這樣說，那時我已十多歲，不管「阿江」的母親怎樣說，我強行拉着「阿江」坐半小時巴士到伊利沙伯醫院的急症室，讓醫生給他唇上的傷口縫了很多針。

獅子山下的「鄰居」，不單是隔壁的、也不單是同一層樓、同一幢樓的。基英開校那一年，我的妹妹出生不久，母親病重，她離開那天凌晨 2 時，父親要跑到鄰座第 7 座才找到一位在家裏裝有電話的「鄰居」，打電話呼喚救護車把已昏迷的母親送往醫院。

而今天，早上出門，遇見隔壁那位操純正口音普通話吆喝他的兒子的外籍男士。幾年來一直與他點頭說半句早上好，而不知道他是誰。直到前一些時候，報紙報導一間國際學校聘用不具資格的老師任教，我才知道我的外籍鄰居是這間國際學校的校長。

今天的鄰居便是點點頭的熟悉面孔，除了他們的面孔外我們對他們一無所知。獅子山下的「鄰居」不單是點頭的，也是伸出援手的人。

我的母親去世後，父親每天早上 6 時便出門工作，10 歲的姊姊在新蒲崗官小上午校上課，5 歲的弟弟上幼稚園，留下我看着剛出生不久的妹妹。我每天中午 12 時多便要上學，姊姊要下午 1 時多才回來。那空檔的一個多小時，只幾個月的妹妹坐在嬰

兒牀沒人管、不是便溺便是在牀邊亂咬亂舔。用今天的標準，我的父親早已被抓到警署，被控以獨留還不到 12 歲小孩獨自在家的罪名。但那年代，誰管你？而那個年代，令我父親安心工作的，便是那些不時會過來看看我們的「鄰居」。

獅子山下的「鄰居」，除了守望相助，也是狂野的玩伴。讀小五時的一個週末，父親給我一元，囑咐我去剪髮，然後買一些簡單的菜和肉做飯。我拿着一塊錢，到了第 7 座找兒時一位常一同玩的「鄰居」往獅子山上走，穿過獅子山下的木屋區，翻過獅子頭下山脊到獅子山的另一端，走過望夫石然後往山下沙田田心村找另一家住在第 6 座但在田心村有一個豬場養豬及養雞的「鄰居」。途中被幾個惡少年拿着木棍打劫，一塊錢被拿去了。結果，我與我的玩伴兩袋空空走到田心村那鄰居開的豬場，在那裏玩了一個下午，吃過晚飯，兩位養豬的老人家給我們每人兩隻滾水煮熟的雞蛋、一些零錢，在黃昏時讓我們慢慢地用大半小時走過路旁仍是稻田的鄉間小路到沙田火車站坐柴油火車頭拉動的火車回到旺角再坐巴士，天全黑了才回到橫頭磡。

從橫頭磡翻過獅子山到沙田，兩個小孩腳上穿着的是膠拖鞋。那年代除了上學的白帆布鞋外，膠拖鞋便是獅子山下兒童僅有的另一對穿在腳上的鞋。那些時候，每到晚上，一些孩子在第 6 座樓下賽跑，從第 6 座對開的龍翔道跑上舊無綫電視的大樓再在那裏跑下窩打老道，在今天的浸會醫院那裏拐回聯合道再回到橫頭磡。幾公里的賽程，便是穿着膠拖鞋完成的。

50 週年聚會，200 多位校友來大夥兒大合照，分為住竹園的、橫頭磡的、黃大仙的、樂富的。其實那是 30 年前已開始陸

續被清拆的竹園平房、橫頭磡和黃大仙，還有今天叫樂富早已拆掉了的老虎岩。我們全都是來自獅子山下被拆掉了故居的一輩人。這夜，便是那景物不再、人情仍在的獅子山下兒時回憶。聚會接近尾聲時，一位下午校低我一年當了牧師任校長的校友與我握手道別，說讀過我的文章。幾十年不見，唯一的聯繫便是刊在報章上那還記得的名字，還珍惜的便是那曾一起走過的獅子山下的歲月。

前 10 年左右，曾看過在網上流傳一篇叫 "We could not have survived" 的雜寫，那篇雜寫的作者列出了 18 條理由，說明用今天的標準，我們那些在 1950、1960、1970 年代仍是孩童的人根本無可能生存下來的理由。今天再翻看那篇雜寫，覺得很有意思。那正正便是獅子山下我們這一代成長的寫照，或者讓我譯述其中的幾句，給我們這一代的年輕人細嚼：

- 嬰兒時，沒有人理會我們亂舔亂咬那抹上含鉛超標萬倍鮮艷油漆的嬰兒牀。
- 我們騎單車時不知道甚麼叫頭盔。
- 我們飲水龍頭流出來的自來水、而不是樽裝水。
- 我們四個朋友同飲一瓶水，沒有人會因此而得病。
- 我們大清早離家外出，玩上一整天，天黑才回家；沒有人能在白天找到我們；沒有人介意、沒有人理會、也沒有人擔心。
- 我們沒有 PlayStation、沒有電子遊戲機，電視沒有超過 100 條頻道、沒有環迴音響、沒有手提電話和個人電腦、沒有互聯網。但我們有的是朋友 —— 我們走出去就找到他們。

- 我們在野外露營沒有帳幕、在山溪游泳沒有救生員也沒有別的人看着，而那是自然不過沒有甚麼大不了的事。
- 我們從樹上跌下、斜坡上滾下，割破手腳、磕掉了牙齒，但不會為此有追索賠償的訴訟，那是意外。我們只從中學會下次不要再發生同樣的事情。
- 我們永遠是徒步走到朋友家，即使天已全黑了也如是。
- 我們去任何地方只是穿着膠拖鞋，我們在街頭進行 100 米短跑比賽也只穿膠拖鞋，我們不知道甚麼是球鞋。
- 我們為我們幹過的事負責，而且知道必須承擔後果。
- 我們曾吵架和互相毆鬥、紅的黑的瘀了一片片，但很快便會忘掉。
- 若我們與其他孩子爭執驚動了父母，父母到來不是為我們撐腰，而是狠狠地教訓我們。
- 若我們觸犯了法律，別妄想我們的父母會來解救我們，注意：他們總是站在法律那邊！

那篇雜寫結尾時這樣說：

　　想想，我們這一代造就了歷史上最好的冒險家、發明家和解決問題的專家。過去 50 年經歷了資訊爆炸和新意念湧現。我們的成長歷程使我們學會該如何面對我們擁有的自由、成功和失敗。

　　如果你是我們的一員，恭喜你！你有幸在政客和官僚以為了我們好為名而規管我們的生命前，能如真實的孩子般成長。

　　如果你還年輕，也許你會希望多了解我們。

我恭喜我們這一代，我們有幸還是孩童時，每一個都是有血有肉、獨一無二、獨立自主地成長的個體，而不是一個個官僚不願處理、政客借題發揮藉以爭取曝光的個案。很多人也許不同意，以我們的標準，今天我們這社會是一個 over-regulated 的社會，今天的年輕人是從小被過分保護和被寵壞了的年輕人。

　　1950、1960、1970 年代還是孩童的一代必然無可避免地慢慢淡出這社會。我不知道由今天仍躁動不安的 80 後主導的香港社會將會是怎樣面貌的社會。又會有誰能知道？這篇文章記載的只是題材豐富的獅子山下故事的二三事，牽起的也許只是獅子山下那點點滴滴、早已被遺忘了的、消失淡去的景物和仍存的濃烈人情。

（原文發表於 2014 年 8 月 1 日）

仍是獅子山下的日子

梁錦松以《獅子山下》歌詞作為預算案的結語，勉勵香港人同舟共濟，艱辛拼搏。傳媒人一般認為他引用了錯誤的比喻，因為今天的香港已經與上世紀 70 年代的香港不同。有人認為 1970 年代的香港是貧困但拼搏向上的社會，社會充滿求生的拼勁。但今天的香港，issue 並不是生存，而是我們是否願意倒退和為甚麼我們要生活水平倒退，但有些人卻毋須倒退？

當大多數人一同在捱窮時，集體苦中作樂是社會可以接受的。問題是我們目睹的是一小撮人享有更多的權利，不受制衡地掠取更多更多的財富而要不幸的人去捱苦。沒有那麼幸運的一輩，能嚥下嗎？

即使在梁錦松使《獅子山下》再廣為人傳頌前，每次播出《獅子山下》時都會觸動我的心靈，不期然眼角濕潤。我自己是名副其實地在獅子山腳下長大的，電視畫面所顯示的便是自己的成長過程。日子過去，回憶那些苦中作樂的日子，充滿了不切實際的浪漫色彩，這一點，我必須承認。

梁先生所引用的《獅子山下》名句，便是這種浪漫主義。我從沒對人說每次聽到《獅子山下》我會落淚，因為我深知那是很個人的一種悲情的浪漫情懷。就如 1997 回歸心情一樣，那是各

自表述的心境，實不必作為一種灌輸，訓誨或宣傳。1960 年代獅子山下的木屋區和剛開始的徙置區，代表了香港社會的一個階層。對於我們這些真的在獅子山下長大的人來說，那裏是我們小學和中學的日子，是簡單而快樂的故事。

後來長大了，有一天，三個人拿着鐵枝狂奔衝向自己的一方追打，恐懼的日子便開始了。在獅子山下拿着書本走在路上也會被警察搜身，因無緣無故被人拿着鐵枝追打而報警，警察說他們無能為力。然後，在巴士站等車時，每一次有人為追巴士而向自己方向狂奔時，心裏便不其然感到驚慄，那是沒有安全感的日子。後來一些人來問我要不要一些「兄弟」照應。我向父親訴說，父親只是無奈地「哦、哦」的應了兩句。我不怪他，為了幾個子女的溫飽，已經使他筋疲力竭，他哪裏還有剩餘的精力去想別的？

那些日子，獅子山下的一輩人，就如我的父親一樣，他們知道自己兒子面對的是甚麼，但無奈也無能為力，只能祈求上蒼對他的兒子多點眷顧。

今天香港面對的不是溫飽問題，即使是最困難的人仍遠比 1970 年代我的父親有更多的選擇。我們面對的是一個叫人嚥不下也不公平的社會。

一位退休高官前幾年自己找了一份交通運輸公司的總裁職位，年薪不到 200 萬，政府為退休高官度身設計的公營部門高職，年薪動輒 300 萬到 700 萬，還有我們那位比美國聯儲局主席高薪幾倍的投資失利總裁。他們憑的究竟是如這位交通運輸企業總裁般靠自己本事找到工作，抑或是靠私相授受？

政府說為履行商業合約便容許電燈公司因賺的錢不夠多而加價，使市民百上加斤，政府在社會合約中又履行了多少對 less privileged 一輩的承擔？

如果梁錦松先生和眾多高官真的是從獅子山下走過來的人，我冀望他們能真的對今天的獅子山下階層多一點關懷和體恤，少一點官商勾結的履行商業合約，少一點殘民自肥的私相授受。好讓這時代獅子山下的一輩，不用再如我的父親在 70 年代一樣，只能無奈與無助地默默祈求上蒼對他的兒子多一點仁慈。

（原文發表於 2002 年 3 月 12 日）

求學時期的返工日子

我的半工讀日子在中三那年開始。

20 多年前，中學生找兼職並不容易，也不普遍。在北角一家印刷廠的工作是最要好的同學梁承宙 Simon 無意中看《快報》發現的。那年才 14 歲，硬充是 15 歲給聘用了。

每週六大清晨從紅磡乘船過海上班，晚上 9 時才放工，星期日也得趕上班，在工廠裏把當時只二毛錢一本每星期銷 16 萬本的《香港電視》從切書技工手中接過。一疊疊的用紮書機紮好。然後整齊地擺放等待星期二發行。就是這樣每星期工作兩天，可以賺 40 多塊。足夠一個星期的開支。

印刷廠的週末工作在中 5 時候停止了。會考剛過，便到荃灣一家織布廠上中夜班。工作是簡單地把夾着線圈來回穿梭的尖梳一排六隻放滿 24 小時不停轉動的織布機。但要命的是一名工人要負責 22 至 24 部織布機。很快地放滿第 24 部織布機時，最早的一部只剩下一排尖梳在穿梭等待重新填滿。這些老闆真厲害！在這樣環境下，我開始思考馬克思剩餘價值論的真諦。

織布廠內溫度高，而且物料易燃，所以廠房內 24 小時不停地灑水花。男工上中夜班，每半個月調一次；女工只上早班。八小時工作中只有 15 分鐘休息吃一點東西，我研究了多次，發現

只有四毛錢一包的超力銀絲米粉，是可以用廠內那不太滾的開水弄熟吞下肚的。

在織布廠工作了一個多月，Simon 說希望我與他同往新的崗位上班，那是替興建中的「美孚新邨」做清窗工作，一同上班的還有給我們改了外號叫「清窗湯」的湯正川。

那個年頭建樓開始流行用鋁窗，工人裝鋁窗時大廈外牆還未完工，所以裝好的鋁窗都會用一層保護膠封着。我們的工作便是坐在竹棚用鏟及天拿水把封着的膠鏟掉。每一個少年人都是苦悶、頑皮、貪玩的。我們也不例外。閒下來時便在 20 多層高樓的棚架上上落落地追逐，更用浸滿了天拿水的擦布擲向路過的途人。

如果說中四那年夏天是一個過去不完的保釣示威，聽莫昭如用粗口罵日本使館的職員、陳毓祥雨中在美國領事館內的演說的夏天，全因為是龍景昌帶頭的話，那麼接着的 1972 年 Simon 是領隊。玩完了清窗後會考成績公佈，他考上了中六，我留級中五。但開學前還給他硬拉去了馬灣為村民築路的工作營。參加這工作營的還有笑容燦爛的羅致光和笑聲沙啞的劉山青。

我很慶幸我並不是 90 年代的兼職學生。雖然我的學生年代沒有聘用大量學生的麥當勞、投注站、快餐店、boutique 舖；但也罕有騙人金錢的 model 學校、分銷連鎖業，亦不容易在兼職中染上惡習。因為我們兼職只簡單地為了應付生活，而非為了滿足名牌物質的慾望。還記得有一次 Simon 去了加油站返工，他對我說在加油站學會了用收銀機，相信對將來工作會有用。那時我們的思想就是那樣的單純！

其實那個時代，也是賺快錢的兼職時代。記得中五有一段短時間，曾跟一個樣子長得與辛康納利飾演的占士邦差不多的英俊同學做上門推銷廚具的工作。穿了最整齊的衣服，從鏡裏反覆地看自己還是全不像樣。跟着一位頭髮蠟得光亮的前輩，到國語歌時代名作曲家王福齡先生太子道的家裏。只見這位前輩表演得有聲有色，說話動聽得不得了，普通工人半個月工資的一套高級廚具便給王太買下。看着這位前輩的表演，我知道自己不是這種材料，也不屬於這種花花世界，所以一套廚具也沒賣出就不幹了。

回望那純樸的 70 年代，中學生兼職只是把一個充滿憧憬的少年人加速帶進成年人現實世界的過程。這個成年人的世界仍然純樸而沒有太多的誘惑，因而在十四、五歲時，對於失去每個週末及週日沒有太大的遺憾，反之在工作中夾雜着玩耍可以說是一種樂趣。不過，當年紀漸長對於需要在求學時期賺錢來補貼開支，開始感到無奈。

真正感到無奈的兼職，是父親拉我去的。

不知道是他認為工作營搞混凝土鋪路這一項毫無收益的工作沒有意義，抑或是建樓地盤清窗十多元一天的工資太低，又或是他有意識要磨煉我，接着一年的夏天，他把我帶到他工作的地盤工作。

他工作的地盤在秀茂坪邨 40 座對開的山邊。他的工作是用最原始的方法生產主要是 36 吋至 52 吋口徑、3 尺半至 6 英尺長的圓型鋼筋水泥混凝土去水渠管。

每天早上 6 時多便出門，8 點還未到便開工。先是把前一天早已做好及開始凝固的混凝土渠管推離工地，然後拆開前一天

下午才灌好混凝土的鐵殼，再在騰空的工地重新裝嵌好，再搞撈混凝土，把混凝土灌進裝嵌好的渠管模鐵殼重複的工序。烈日當空，中間下雨，把人赤條條的曬得黝黑或淋得濕透。

到中六，父親要求我每週週六及週日開工。當時我心裏有怨言，但從沒哼半句，因為從這苦工中，我體會到他的艱辛，而心知我無權埋怨。

那段日子，每當週末早上看見一些中學生三五成羣遠足旅行時，便有一種很無奈的感覺。

同學的週六約會也一概不出席，也不說不參加的原因。那段日子變得很喜歡上學，同時也很清楚地知道那是一種逃避。

每當同班同學很努力地溫書，而自己在烈日下或雨水中咬緊牙關地熬的時候，那樣的兼職再不是樂趣，而是心靈肉體上的折磨。不過，可幸的是這樣的生活也激勵了一個人的鬥志，因而我在上學的日子比週六起得更早。天還沒有亮在燈前對着書本我可以感到，相對於我的同學，我並非在讓賽。

更可幸的是中七時，父親說我不要再返工了。

在父親那裏工作，父親說每天可以賺 100 塊，但他從沒有把收到的工資給我。只是在考進港大，在往 Old Halls 寄宿時，他給我一萬元存進我的銀行戶口和送給我一隻我保存至今以見證這段日子的亞米茄金表。

（原文發表於 1996 年 6 月 30 日）

篇後記：

1972 年對我來說是很不平凡的一年。那年會考，每天往市政局圖書館的自修室鑽，認識了兩個天主教女校的女孩。會考過後，那兩女孩約我喝茶見面，介紹給我她們一個住在窩打老道山豪宅的同學。見面後這女同學邀請我去她的生日派對。那天晚上，穿了自己認為是最像樣的 T 恤到這女同學家赴會。派對在吃了一點東西後開始，生日的主角首先邀請跳舞的是她教會的神父，然後眾人開始第二隻舞，女主角邀請的竟然是我。那炎夏晚上跳完那隻舞後，已是我要從冷氣涼快的窩打老道山離開，乘車到旺角，再從旺角轉車到那讓水花飄灑冷卻光着的上身的荃灣上夜班，思考馬克思剩餘價值理論的時候。1972 年夏天的那個晚上，16 歲的我驀然驚覺那一刻那頭也不回地離開的，是並不屬於自己的另一個世界。

有關劉山青的二三事

　　我懷着興奮、激動與一點沉鬱的心情來到紅磡車站，為了接劉山青的車。

　　劉山青在中學時代，是高我一級的同學，在港大時常到明原堂宿舍（Old Halls），因此當年與他也算熟悉。十年過去了，我不認為他還會記起我。只是，與其他人一樣，是良知驅使我在車站等候了一整天。

　　下午 4 時 45 分，記者與人羣起哄，劉山青來了，人羣與記者把他包圍，我只看到他有一點木訥的神情，黝黑的臉孔上是一點帶恍惚的目光。

　　與劉山青開始熟悉是在 1972 年的夏天，與他一同參加一個在馬灣築路的工作營，當年他身材瘦削，皮膚黝黑得就如今天一樣，不同的是當年他披着及肩長髮，尖尖沙啞的聲音不時散發着年輕人開朗的歡笑。

　　他的風趣有時給予別人一種近乎滑稽的感覺。中學時代的他很少談政治，但開朗的笑聲後，他不經意地表達了對社會的關懷。

　　人羣仍然把他淹沒，我甚而看不見他的臉孔。在一片閃光燈與口號中，我忍不住眼中的淚水，在一塊塊激動的臉龐上，我看到了一對對濕潤的目光。

大學時代的劉山青，有一種很難評價的放浪。他沒有住宿舍，但老是呆在明原堂宿舍，不是在一位同學便是在另一位同學房「屈蛇」（未經准許留宿）。他愛麻雀與天九，有一年的 6 月份，他又來到宿舍找人開枱。同學拒絕他，對他說第二天要考試，還對他說他也要考哩，他卻說他已準備考補考。在讀書方面他很聰明，我不清楚他是否每年均要在 9 月份補考，但記憶中，每次補考他均順利過關。

他在帶領人羣高呼「民主萬歲」，我告訴自己他並沒有因為十年的牢獄改變自己的信念，就如支聯會的橫額所說的一樣：「青山依舊信念長青」。

大學畢業後，不時在港大圖書館遇見他。言談間他給我一種強烈無政府主義傾向的感覺。我相信 70 年代末期他在私校任教師應是他最失落的一段時間。在這樣的背景下他開始搞工人夜校，積極參與社會運動。

其實是非對錯，在大眾心目中早已有定論。劉山青在 1981 年聖誕節在中國所做過的事，很多人都會做。事實上 1989 年時我都可能做了。不同的是他是先行者，更重要的是為了堅持信念堅不認罪，他比我們付出了大不知多少倍的代價。想想，這十年間，自己結了婚，女兒也開始讀小學了；今天的他卻孑然一身回到這已有一點陌生的地方，他的奉獻值得我們敬佩。

我們渴求的中國是一個民主、自由富強與充滿人性和關懷的中國。別說是王希哲、何求，即令是江青、張春橋這些公認反革命也有被關懷的權利，關懷別人並不是罪惡。踐踏人權、蹂躪人性才是罪惡。

我走到車站外的另一邊，終於可以清楚地看到他步出車站，在他不遠處我情不自禁地向他揮手並高呼：「劉山青，您好！」

轉過來的是他閃爍的目光，帶着燦爛的微笑。

「陳莊勤，您好！」

回應我的不是劉山青，他忘了。回應我的是在前護着他簇擁而去的吳呂南（詩人乞靈）。

（原文發表於 1991 年 12 月 28 日）

篇後記：

梁承宙 Simon 到今天仍然是我最要好的 Buddy。1972 年他讓我認識了三個比我們高一級的英皇書院同學 —— 劉山青、羅致光和梁振英。他們三人曾是同班同學。半個世紀過去，回望他們走過的路，一個因為關懷探訪國內一個反革命分子拒不認錯而身陷牢獄十年，一個成了香港最大政黨的大腦和特區政府的局長，一個更成為特區的行政長官和國家領導人。年輕時他們共通的是對這國家與社會的關心與承擔，並希望為國家與社會帶來改變，為此他們各自走了不同的路，無悔無憾。而對他們來說，我和梁承宙都只是旁觀者，這便是人生。

看許冠傑演唱會的莫名感觸

到許冠傑的演唱會去，我有一種難以言喻的感觸。

從來沒有崇拜偶像，少年時也不像同學或朋友那樣狂熱於某些流行的東西，除了因為家貧外，也因自卑與自我。一直以來給自己感覺便是自己的成長像是在社會主流外的邊緣掙扎前進一樣。

從這個演唱會，我發覺自己是與許冠傑所代表的大眾文化共同成長，毫不自覺地接受了這樣的文化，並與之共同生活。整個晚上，除了二三首歌外，幾乎所有的歌都是琅琅上口的。其實也是這樣，大學時第一首被人硬拉出來公開表演的便是他的《莫等待》。學生時代無數音樂會均離不開他的《鐵塔靈魂》、《雙星情歌》。這些日子來自己最喜愛的是他的《浪子心聲》。

我太太很投入這演唱會，我一點也不奇怪。許冠傑是她學生時代的偶像，奇怪的是自己也很投入，七歲的女兒也很投入，上次帶她到另一歌星的演唱會時，她說她睡着了。這次她一次又一次與太太走到舞台邊與許冠傑握手、拍照。有趣的是兩位一同來正襟危坐的朋友，女的也給我們的瘋狂感染到，演唱會的下半部一次又一次走向台邊，雖然她的丈夫仍然如同平日般超然。

有時，我想，為甚麼要強於超然？

那個晚上，我有一種感慨。許冠傑說要退休，隨他而去的是自己少年時代的回憶，我再想不起還有哪一位歌星的歌是百分之九十我可以琅琅上口的，我再想不起哪一位歌星我可以感到是與之一同成長的。

他的演唱會後，還會有很多很多的演唱會，但感覺將不再一樣了，感覺才是最重要的。

演唱會的末段，許冠傑說了一段簡短的告別。我看見太太在抹眼淚，我有一種感觸。對於我們這些 30 多歲的人來說，他可以說是與我們一起成長，可能比我們早十年，他選擇的道路為他帶來名利，現在已到達一個必須淡出的階段，生命便是這樣。

很難保有一種不經修飾的過去，很難擁有一種未經雕琢的回憶。我沒有奉任何人為偶像，因而我相信自己的感覺是真實的，沒有過分的狂熱，也沒有刻意超然，我只很公平地面對自己的感覺。不追求完美，也不發掘瑕疵。

七歲的女兒現在開始寫日記，一向追求完美的太太批改及要求她更正錯別字。我很明確的表示我反對她這樣做。我對她說如果女兒將來長大後看看自己兒時的日記竟然一個錯別字也沒有，那將是很遺憾的事。

我的太太同意了。

事實便是這樣，生命的歷程並不完美，勉強堆砌完美並不能給自己帶來觸動深處的一剎那的感覺。生命的美麗在於存於每一個人心底有一種散不去的沉鬱，散不去的沉鬱使人狂喜於突然而來的喜悅中。

（原文發表於 1992 年 4 月 30 日）

陌生的鄉情　八年一度粵西行

　　去年聖誕前不久，與父親一同到他的故鄉一行，留下了很多的感觸。

　　父親的故鄉在粵西接連廣西省的羅定縣，也是抗日名將蔡廷楷將軍的故鄉。對於我們這些在香港出生和長大的人來說，那是遙遠陌生的地方。這次去的原因是一些同鄉會的朋友相約，參加羅定撤縣建市的慶祝活動。

　　其實，八年前的冬天已曾與父親到過一次羅定。當時羅定縣城給我的印象，是一個只有兩條街的貧窮小鎮；八年後這小鎮已成為一個初具規模，而且擁有全國第一個縣設民用機場的小城市。

　　走過父親長大的村落，它依然破落。它的破落就如它的名字一樣。一個具有高尚文化傳統、明朝萬曆年間已稱為「禮詩村」的富裕單姓村落，慢慢地被沉重的人口壓力壓得貧窮破落，名字也逐步被扭曲為「荔枝涌」。這次探訪，比八年前有一種更蒼涼淒酸的感覺。雖然修好了一大段路，但村內的房屋卻更失修破舊。停留在那裏數十分鐘，不見了當年的孩童，只見比八年前更衰老的臉孔和一些稚齡小孩，年輕人都已往外跑，他們說，田地大多荒了。

似乎這個時代對於農民來說，他們的財產已不再是他們擁有的土地，也不是他們可以耕種的土地。他們說，只要願意耕的話，土地多得他們每天工作 24 小時也耕不完。

　　這社會已產生了根本的變化，工業化入侵那曾是寧靜的農村。肇慶市來的張局長說 1970 年代他在羅定工作時，整個縣城所有肉檔出售的豬肉大概只有五頭豬那麼多。今天，我看一些人小心地每碟菜只是吃一兩口，擔心吃多了腸胃不適。同時我也看見一位市政協委員的太太小心地包起吃剩的食物回家。這是一個急劇變化而矛盾的年代，這地方開始跨入物質豐裕與繁華的時代，但多數的人仍保留着過去的樸實與無華。

　　事實上，物質上的改變對於他們來說也是震慄的。我的一個堂兄曾對我說 1979 年他回鄉時，他的一個弟弟對他說已有五年沒有穿過鞋子，他聽後淚水奪眶而出。八年前我與父親回鄉，在荔枝涌呆了幾天，父親的一個妹妹帶同她的媳婦和孫兒走了四小時的路來與我們見面，只是為了省回兩塊錢的車錢。她走的時候，我們為她買了車票，硬推她們上車，才使她不用再走四小時的路回家。

　　然而，這一切都隨着急速的改變而過去。荔枝涌的堂兄說他不會再以耕種謀生，他的兒子也不會，鄉間很多人也是這樣。

　　肇慶市來的張局長帶我們去看水利建設，去看渡漕。那是在羅定南端羣山中的太平河從山腰用水壩截住，然後依山邊用石塊築成水道沿山腰向北引往羅定北端的另一羣山的水庫，途中經過一段平原。平原上架起 20 多米高的渡漕。張局長說那是 1975 年大旱時開始建的，他說全縣每個公社都要派人帶同糧食參加勞動

一周。那是三公里半長的石頭和混凝土建築全沒有一點鋼筋、單靠石頭間的相互壓迫力建成的拱形架空橋架，在上面再用混凝土建成六米寬的輸水道。一同來的一位同鄉會的朋友說建這渡漕時，不知餓死了多少人。

這是一段歷史的見證。再不會有這樣的建築，也不會再有這樣的建築方式。如果今天要建這樣的一個輸水系統，將不會是一塊一塊石頭的砌起來，不會是沒有鋼筋，只有石塊和力學的結構。也不會是三合土六米寬的架空水渠，而是水泥椿柱，是粗大的鋼管，也不會是龐大的集體勞動，而是專業的施工。

這是歷史。有歷史感的人大概會強烈地感受到參與建築這水利工程的人，在這獨特的歷史時空中和這艱苦的環境下所作出的犧牲，為這一代人和無數的下一代解決了幾百年來的苦旱。漆黑的天空下，站在 20 多米高的拱型橋架下，我的眼睛開始濕潤了。

城市人習慣了那種急劇的社會變動，同時也會為這種變動而感嘆。然而，古老的農村便是像永恆不變的世界。走進荔枝涌的時候，第一個見面的是我的堂兄的 20 多歲的兒子，他跳下摩托車來拉我的手。然後見了他那開農夫車的哥哥和他們的父親——我的堂兄。對於這突然的探訪，好像是昨天才剛見面一樣，我這堂兄的臉上沒有驚喜，也沒有錯愕。我想，這便是農村。

八年，對於這幾百年的土地來說，只是很短暫的時光。也許八年後我再來這裏時，我的堂兄仍然會帶着那種沒有愕然的冷漠來迎接他的訪客；也許，他已不在這裏，沒有錯愕的也許會是他的兒子。

這土地就像給悠久的歲月踐踏得不再存有絲毫的生氣，站在

父親 40 多年前離鄉前建的大屋門前，是一種沉重的感覺。相對於十多公里外彩旗飄揚、鬧哄哄的人羣和燦爛的煙花，我掩蓋不住壓在心底那種迷失與茫然。

（原文發表於 1994 年 2 月）

昆明西山下一匹可憐的老馬

　　從昆明市西的民族村離開，過了渡，一排馬車已在等候載客到幾公里外西山腳的巴士站乘車上西山。

　　我與太太坐上了一輛已坐了七位客人的特長馬車，只有一匹馬拖着這連同馬伕共坐了十個人的馬車。起初一段是凹凸不平的泥路，然後是柏油路，一路上馬伕不斷用繩打着馬。我坐在他身後，我覺得這匹馬很可憐，所以對馬伕說，既然牠已在走，現在別打牠吧，馬夫說要牠衝一把勁好上斜路。

　　起初的一段路還不太難走，大概走了兩公里，遇上一段稍斜一點的路，這匹可憐的馬再也跑不起來。馬伕跳下車，把馬推着上斜路。太太說這馬很辛苦，不如我們也下車吧。我跳下了馬車，但要太太別下，一方面有一點危險，另一方面我想車上的其他四個大男人也會下來吧。

　　沒有。他們一個也沒有下來。

　　在馬車旁，我看着這匹可憐的馬在吃力地拉，馬頭因為膊胳用力地拖着馬車上斜而垂得離地只有一呎左右，幾條腿只有蹄尖在用力地撐，不幾步便滑蹄，那是我一生人中看到最痛苦的一匹馬兒。雖然我與馬伕下了車，減少了 300 磅，但車上其他八個人，至少還有 1 000 磅，我看車上躺着橫七豎八的幾個大男人，

我想也許在他們心目中，這只是頭畜生；又或者如太太說，也許他們也疲累不堪，而我們這種對動物的愛心只是一種奢侈。也許他們會覺得很奇怪，這是一匹倒楣的馬，牠不能在快活谷輕盈地跑，而只能每天在這地方活受罪至死，你可憐牠些甚麼？

那令我想起往昆明的飛機上，從報紙看到一則新聞。新聞說中國煤炭部對於煤礦的工業意外可容忍的死亡數字實行配額。因每一個煤礦的產量不同而訂明每一煤礦每年可容許因礦場意外而死亡的人數，超額便得罰款。

這是一種荒謬的配額制度，更荒謬的是報導說一些沒有用盡配額的礦場，竟然可以把配額轉讓給一些有需要的礦場。

想想，人的生命可以由官方公開地轉化成枉死的配額，再由那些向錢看的企業領導互相轉讓，究竟生命的價值是甚麼？

沒有人可以完全避免工業意外，儘量減少工業意外是每一個政府的期望和責任。以配額和罰款來達到這目的只是一種僵化的妄想，是把人化為螺絲釘的思維方法的一種反映。難怪報導說一些人恐怕配額制度的執行會使一些煤礦更不重視工業安全。

歸根究底，這是觀念問題。生命一直以來便不被重視，在目前一片向錢看的大氣候下，生命更變成了是可以用金錢與數字的價值來衡量和交換的配額。當權者常常把「抓一批、殺一批」的口號掛在口邊，作為維持社會與經濟秩序的手段時，社會上便往往同樣充斥着這種輕視生命的價值觀，習慣了之後他們不覺得這種價值觀是畸形和可怕的。

當被意外強奪去的生命可以是官方公開承認的配額，當枉死可以成為企業間互相交換的數字時，昆明西山下那匹累得要死的

老馬還算是甚麼？

（原文發表於 1994 年 9 月 1 日）

篇後記：

這篇是差不多 30 年前寫的文章，當時經濟還是比較落後的中國，仍然是處於粗獷性的發展階段，人的生命可能仍被視為經濟發展的必要代價。差不多 30 年過後，中國產生了翻天覆地的變化。人的生命至上已成了社會的共識，動物的生命也受了同樣的重視，工業生產中可以轉讓的不再是枉死的配額而是碳排放的配額。這種種變化源於經濟獲得發展與中國政府不斷糾錯的能力。當年我在很多很多的文章中批評這個政府，但 30 年回頭再看，我當年的批評沒有錯，但更為難得的是：我驀然發現中國仍然不民主，卻有了一個比民主國家更能積極回應批評的政府。

等，遙遙無期⋯⋯

走到政府總部門外，看到那些靜坐要求居港權的持雙程證人士。在走上終審法院的斜路上，想起 18 年前曾專程走到當時位於金鐘的移民局，看同類、但不一樣的一羣。

那是 1980 年，經過兩年幾十萬非法入境者湧進香港後，港府在當年 10 月宣佈取消抵壘政策，並在該月 21 至 23 日三天特赦，給予已抵達香港的人最後限期登記。那天在金鐘移民局外排了長長的人龍，天下着微雨，移民局外擠塞着一列列衣衫襤褸、甚而可以說骯髒不堪的人羣。他們只是靜靜地等待，疲憊但不絕望，在一張張冀盼的臉孔上，我甚而看到一雙雙閃爍着嚮往自由的目光。

在政府總部門外，給鐵欄圍着的是凌亂的地蓆、棉被和報紙。衣着整齊的他們幾乎全是成年人，在同樣的等待。我在想，為甚麼同樣的社會，我們今天的胸襟竟然比 18 年前更為狹隘？是不是因為他們亂拋垃圾、隨地吐痰和不再平靜地等待，嘰哩咕嚕地用一種我們聽不懂的方言來表達他們的要求，而使我們覺得這些人是沒有希望的？

過年時給父親的一個獨居堂姐拜年，她說她那在鄉間的女兒申請來香港已等了 20 多年，仍在遙遙無期地等。單這一點已使

我想我會了解政府總部門外的人那種堅持的理由。假若他們能證明他們就如我父親堂姐的女兒一樣,為甚麼不容許他們留下。對,我不喜歡眼前那男人蹲在地上的姿勢,不喜歡另一個男人在拋垃圾,又另一個在幾米外向垃圾籮吐痰,不喜歡那女的在抽煙,甚而不喜歡聽他們那聽不懂的方言。但若他們是香港人的骨肉,我們怎能拒他們於門外?假若我們排擠他們,我們還怎麼向我們下一代灌輸健康的、正常的家庭觀念?

我看着他們,警察叔叔走過來要求我離開,站在身旁的老伯說他的兒子申請了十多年,現在仍遙遙無期地等,他說這次他一定不回去。我想,他們大概並不富有,就如父親的堂姐一樣,否則他們早已有別的途徑來這裏定居了,也用不着坐在這裏被別人投以怪異的目光。終審庭的裁決無疑給了他們一個希望,一個不用因為沒有錢便要等上 20 年仍然遙遙無期的希望。

誠然,終審庭有關非婚生港人子女居港權的裁決,很多人不能接受,但我想這便是我們為維持法治而須負上的代價。如果我們今天所享受的自由、人權與法治只是不用代價、不用承擔地由別人施捨的話,那是多麼容易被別人收回。

過去幾十年,我們無聲地吸入了一波又一波為追求自由與人權而來的內地人,甚而收容了數以萬計逃避極權的越南人,以至後來到這裏的內地人與越南人變了質,也沒有改變我們的包容與人道精神。我們的包容與人道精神贏得舉世的稱讚,也因如此,今天舉世也關注我們的自由、人權與法治。

香港人有時真的很奇怪。多少富豪、多少大紅大紫的明星歌星的廣東話口音,多麼刺耳,我們並不排擠,偏偏便處處針對

這些只是要求家庭團聚的人。我想這是香港人該反省的時候。無疑，香港要為大批新移民負上額外的承擔，但這正是對我們的道德勇氣的考驗。假若我們可以捧移民富豪、走後門捷徑來港的紅歌星為偶像的話，我們憑甚麼歧視那些在政府總部外靜坐的港人子女、丈夫和太太？

他們在政府總部門外的靜坐，本身便是對那種腐敗、貪污、不合理和不人性制度的鞭撻，提醒我們包容和人性的珍貴，提醒我們一些我們一直以來所追崇的基本價值，絕不能被短視的利害關係所抹掉。

警察叔叔又來驅趕我了，在蹲坐和無聊地抽煙的人羣中，我看到一個年輕的女孩正在一張張地撿拾清理地上的廢紙。

（原文發表於 1999 年 3 月 5 日）

澳門心情

澳門的回歸有一種反高潮的感覺。對於一些人來說,可能甚而差點兒忘了。但在我的印象中,我懷念的是澳門那種風情,特別是 20 多年前隨原居於澳門的太太到澳門時那種 70 年代的風情。

也許,澳門實在是太小了,小得可以在很短的時間把人口換血。我的觀察和感覺是過去 20 多年土生的澳門華人,很多有能力的不是到了外國便是來了香港,他們都不願留在落後和腐敗的澳門。去澳門賺錢的,是大批的香港人和大批的新移民,對於那些身處低下層的新移民來說,受葡萄牙人的氣也太久了,歡迎解放軍進城或許會是理所當然的事。對於他們來說,新的統治階層或許會帶來新的希望。

澳門回歸因而沒有香港回歸的一點反思。我只有一種失落了一些甚麼的感覺。我細想,是回憶中的一點甚麼。是那些葡國餐廳、路邊小食、悠閒和歐陸的味道。肯定可以說,澳門將急速地中國化。為甚麼我這樣肯定?因為葡萄牙人沒有留下一種很多人會推崇的價值觀和制度。他們着意留下的只是那些歐陸建築。那些建築,使我想起在青島,整個德國式建築保留在山頭上,但青島有一點點德國的文化內涵嗎?

有時候我為葡萄牙人感到悲哀，他們比英國人早 300 年到中國，留下一個不關痛癢的澳門。他們比英國人早 300 年到印度次大陸，在那大陸邊緣的 Goa 小島上建立殖民地；當英國人在印度次大陸搞得天翻地覆時，他們呆在 Goa 享受那種殖民者的人上人生活。但歷史的巧合使人感到似乎他們更有生命力。印度 1948 年獨立，葡萄牙人在 Goa 的殖民統治在 1961 年才終止。澳門也是待英國人撤出香港後，他們才從澳門離去。

　　也許，殖民地對於葡萄牙人來說，只是他們較悠閒地享受生活的地方。他們對於歸還土地，就如他們的總統所說，沒有後悔、也不留戀。

　　甚而他們對澳門近年的一團糟也沒有歉疚。不是嗎？他們早在 1974 年已說要交還澳門了，那時香港澳門處於大致相同的發展水平。如果他們那時交還，大概不需負上管治不力的臭名。只是為了政治需要，中國硬把他們留下，把一個無心戀棧的人留下，還期望他能作出些甚麼出色的戰績？

　　看着澳門回歸的電視畫面，我想起在香港和澳門的葡國人舊同事和朋友，他們代表了殖民統治時代一種很奇妙的異國文化組合。他們的下一代學中文講中文，甚而完全中國化。但這異國文化組合將因為沒有了新血的補充而終止。在澳門，剩下的也許便是如同青島山丘的那些德國式建築，成了一個點綴着歐陸建築的現代化中國城市。

　　澳門回歸那天晚上，與一班大學時的同學晚飯，那是懷緬過去的場合。我們懷緬的便是那過去，我們珍惜的也是那種過去。剛巧我們的過去便是殖民統治者最仁慈的日子，是殖民統治下最

美好的日子。我知道在歷史的長河中，那短暫的日子只是異態而非常態；殖民統治的常態是剝削和歧視，是欺凌和鎮壓。但是，我們便偏偏處於這種異態中，從中得到好處而毋須負上國家民族感情與道德良知的代價。在這一點，我想我們比澳門人更為局限，澳門人的看法，會遠較我們為公平。因為，葡萄牙人改變不多，英國人卻包裝得比葡萄牙人好多了。

無疑，我因為尊子、莫昭如等人被扣留而不快，我因法輪功人被拘捕而不快，而最令我不快的是，似乎除了一個吳國昌先生外，澳門再沒有人談人權和民主。澳門不是一個公民社會，外國雜誌這樣說。但反問，當大多數移民所具備的是完全不同的意識型態時，澳門可以怎樣發展出一個西方模式的公民社會？

另一天的晚上，去了文化中心一個慶祝澳門回歸的音樂會。散場後天星小輪上不是坐滿了說普通話大概意識形態與地道香港人不一樣的一羣嗎？無聲無息的，他們成了香港社會的一分子。香港也在急速地改變，是不是正在澳門化？誰知道？

（原文發表於 2000 年 1 月 4 日）

走出貧窮的代價

　　復活節的幾天假期，我和太太及兩個小女兒在廣州朋友的安排下，到廣東省北部連南瑤族自治縣走了一趟，思考了扶貧的問題。

　　連南位於廣東省西北，離廣州市大約 250 公里，土地面積1 300 多平方公里，比香港還要大，但人口只有 14 萬 5 000 人，有一半是瑤族。與毗鄰的瑤山壯族瑤族自治縣同屬貧困山區，是廣東省重點扶貧的地區之一。廣州的朋友方先生安排我們住在省公安廳設在連南的駕駛培訓站。這個站其實是廣東省佛山地區和韶關地區長途駕駛考驗部分的終點站和路試考場。培訓站的林站長說省公安廳把培訓站設在這裏，便是略帶一點扶貧性質，希望能把兩個地區參加駕駛考驗的人帶來這裏消費。

　　與林站長和廣州來的朋友們討論了扶貧的問題，這是一個略帶哲學味道的問題。林站長說扶貧作用不大，他說那些瑤族人喜歡喝酒，根本扶不上去。積極想法也許便是為甚麼不幫他們一把？為甚麼不教育他們？廣州朋友方先生說，這地瘦得不得了，飯桌上的通菜也只是吸管那麼細的一條，這裏的人連買化肥的錢也沒有。

　　然後我們討論把化肥帶來又怎樣？帶來了化肥，這地方的山也許不再美，這地方的人也許不再美。我思索這問題，千百年

來，他們的落後保持了生態的平衡。一個瑤族老人擔水上山，在現代城市人看來，這樣的活苦得不得了，但他們世世代代便是這樣生活，樂天知命，盡情地喝酒。用我們的眼光去看，他們是混混沌沌地一代又一代的過去；但若從他們的角度，不加上我們的價值判斷，那又是截然不同的結論。

扶貧，是我們的標準。國家訂下了某些標準，然後說達不到這標準便是貧困落後的地方，便需要對他們做一些事。啊！那是我們要加諸他們身上的標準，他們給這樣地被標籤了，所以我們的一套便搬到這裏來去改變它們。包括如方先生所說，向他們做工作，說服他們搬離「困難」的山區，把它們搬到那些為他們而設的較「肥沃」、較「文明」的地方。

我們在毀滅一個古老的民族。

這是一種很矛盾的心情，我們以旁觀者的心態去看「貧困」的少數民族；進而參與「改善」他們的生活。他們不自覺地接受了我們的一套。我在路旁為一個騎着三輪車抽着煙斗的瑤族老翁拍照，他停下來問我討回二元。

我們在把他們的純樸驅走。

週日大清早，還沒有吃早飯，走出去經過三排鄉的「大梗小學」，剛巧遇見一位路過的老師，她開啟了校門讓我們參觀。香港一個叫「大口狗四驅車會」的組織捐了 8 萬多元，足夠把整間兩層高的校舍和操場翻新和添置了全部枱椅。我想那是很少的錢，還不夠給大女兒買一部鋼琴。扶貧工作，不單幫助他們，也幫助我們；使我們反省，使我們反思。

路過另一所叫「順德小學」的學校。林站長說那是順德市捐

來 500 萬元建的一所小學，外貌活像一座皇宮。

在這偏遠的山區，我們需要皇宮嗎？

大梗小學那位陳老師說，他們最希望的是能有自來水引到學校，那麼學校的十位老師和 100 多位瑤族學生便不用再擔水上山了。他們那樸實的要求，教育了我們。我們所定的標準，又教育了他們些甚麼？鼓勵瑤族婦女向那些考車牌的考生兜售手工藝品？

無疑政府的政策是出於善意，他們搞「對口扶貧」，把扶助貧窮落後的連南的責任交給了富裕的順德；把交警的考車終站設在這裏，規定要佛山及韶關兩個地區考車牌的人，全都要通過長途駕駛考驗引進這裏來渡過一個晚上，然後在這裏考路試，好讓他們在這裏消費，幫助這裏的經濟。

我懷疑這到底是不是有效的方式，我相信順德小學只顯示了順德市的富裕，沒有顯示順德人對瑤族人的關懷。那每天一批批考車牌的過客，為這裏帶來花花綠綠的外邊世界，但外邊世界所顯示的奢華，只會為他們帶來錯覺與倚賴。

重疊的羣山，藏在一層層雲霧中是那樣的美麗；山中的人與自然環境是那樣的美麗與和諧。現代人的文明侵入了這寧靜的山頭，在山的路上多了一條掛着駕駛考驗牌的車龍，與路旁在泥磚屋旁山溝邊洗衣的婦人一起，看起來是一幅多麼不協調的圖畫。

在濃霧深鎖的羣山的這個週日早上，在山腰的一座小亭，沒有寧謐的鳥聲，有着的是各種各類車輛的引擎聲和那些等候考車牌考生的談笑喧鬧，夾着那些戴紅頭巾的瑤族婦女圍着我們兜售紀念品的討價還價聲。

（原文發表於 2000 年 5 月 16 日）

離不開中國 離不開政治
── 我的香港本土故事

香港在二次世界大戰後和隨着而來的國共內戰中，成了很多逃避內地戰亂的人的寄居地。那些為逃避戰亂而從內地跑到香港的上一輩，英國殖民地政府管治下的香港對他們來說，也許就如英國作家 Richard Hughes 在 1968 年寫的書所說的一樣，只是借來的時間和借來的地方（*Hong Kong: Borrowed Place, Borrowed Time*）。也許，從內地在戰後移到香港的那一代人的回憶並不在這裏，他們熟悉的故事也許也不在這裏，而在那麼接近同時也是那麼遙遠的中國。

但他們的下一代，像我們那樣戰後嬰兒潮在香港出生的一代，香港便是我們的家，過去超過半個世紀這裏發生的故事便是我們熟悉的故事，那真正的香港本土故事。然而，我們的本土故事往往也離不開中國，與中國總有着那麼密不可分的關係。

《亞洲週刊》江迅先生約我寫寫我的香港故事。我在這裏要講的是我的一個個離不開中國、離不開政治的香港本土故事。

＊＊＊＊＊＊＊＊＊＊＊＊＊＊＊＊＊＊＊＊＊＊

我的本土故事從我的父親開始。

抗戰期間，我的父親在因廣州淪陷而遷到粵西的國民黨開辦的中學受教育，二戰結束後他曾經短暫在他的故鄉當過教師。1949 年新產中國成立，他帶着八毛錢跑到香港，1950 年代初再回國內把母親迎娶帶到香港，母親一口氣生下六個小孩便去世了。母親去世後，在那還沒有太多機會的年代，我的父親只能在香港幹最低下階層的粗活，帶大那幸運地能活着的四個小孩。

　　在我小學三、四年級的時候，每年十一國慶和五一勞動節，父親的老闆都會送給我父親一些左派工會或親共團體的國慶或勞動節晚宴餐券。當年我的父親心向國民黨，從不參加這些晚宴；總是把這些餐券交給了我或是比我大兩歲的姐姐。在那貧窮匱乏的年代，每年國慶和勞動節，便是我們這些平時老是覺得吃得不夠飽的單親小孩每年兩次大快朵頤的時候。

　　60 年代是國民黨與共產黨水火不容的年代，那些國慶和勞動節晚宴，離不開政治宣傳的文娛節目和歌頌新中國建設成就的刊物。潛移默化中，那些年才十歲十一歲的我，目睹殖民統治時代香港的貧窮與不公，開始接受了共產黨宣傳中平等而進步的新中國的憧憬。

　　1967 年適值國內文革高潮，同年 5 月香港左派工會團體借新蒲崗一間工廠的勞資糾紛爆發，發動的工人罷工與示威抗議，演變成為左派親共團體與殖民地政府的公開對抗，從在港督府門外貼充滿文革色彩的大字報，進一步發展為街頭暴動。當年最初鼓動工人與學生上街的，是年輕工人與學生對殖民地官員貪污、社會不公現狀的不滿及一股對共產新中國的狂熱嚮往。同時也如在國內一樣，左派喉舌對毛澤東個人崇拜的宣傳吸引了不少人。

北京在香港的喉舌《文匯報》當年不單有一段時間乾脆將香港版的《文匯報》改用了簡體字印刷，而且每天在報紙頭版頂處刊登一段毛澤東語錄。

當年我的父親每天看的是國民黨的《工商日報》，但我每天卻偷偷買《文匯報》，並且每天把版頭印的毛語錄剪下，收集貼在一本拍子簿上。有一天，我的父親發現了我的拍子簿，沒收了我的拍子簿，狠狠的罵了我一頓。我已記不起我的父親罵我的時候有沒有對我說罵我的理由，反正，那個時代不如今天，父母罵子女是那麼正常的事，不需要講理由說道理的；那個時代，國民黨罵共產黨也正常不過，也是不需要講理由的。還有，那個今天一些無知的年輕人嚮往的殖民統治時代，更正常的事是警察罵市民，哪需講甚麼理由？

＊＊＊＊＊＊＊＊＊＊＊＊＊＊＊＊＊＊＊＊

50 年前的工人罷工示威，演變成有組織的動亂，動亂的高峰時，每天均遍地真假炸彈。在這一片混亂中，剛 12 歲的我開始在殖民統治時代最富殖民地色彩的兩間官立中學之一的英皇書院上學。

開學的第一天，各班同學在操場排隊，然後步入校舍上樓梯進入各自的班房。在上樓梯時，忽然嘩啦一聲，一大堆印着「反英抗暴」內容的宣傳單張從樓梯高處撒下。在那個因幾個月的血腥暴力，社會上形成了既反共也恐共，同時恐懼殖民高壓統治的年代，不論是同學或老師，沒有人敢對這些高度政治化的事情有任何反應。

30 多年過去後，當年一個與我同班四年的同學，在一次舊同

學的聚會中告訴我，當年是他在學校樓梯高處撒下那些「反英抗暴」的單張。

30多年過去了，殖民統治時代一些了不起、不得了的事，已變得淡然、變得毫不重要、變成了茶餘飯後閒聊的話題。

兒時我家住九龍，英皇書院在香港島，中一開始每天坐巴士到深水埗北河街盡頭岸邊的深水埗碼頭坐20分鐘的渡海小輪到港島西營盤的威利麻街碼頭，然後走十多分鐘路走上西邊街在半山盡頭的學校。每天上學放學，渡輪經過的仍是在西九龍海面清晰、四面環水獨立一個島的昂船洲。那一年，每天早上渡輪經過西九龍海面時，不時都可以從渡輪上看見水警輪在昂船洲對開海面，撈起一具具從珠江漂浮過來的浮屍。

那年代，我與一同坐小輪上學的同學，便是從水警輪打撈起浮屍的畫面很形象化地了解報紙所說武鬥不斷的文革中國。只是幾個月，陌生的中國對我來說，很快便從嚮往共產黨宣傳的社會主義新中國，回到浮屍飄來的文革中國。

＊＊＊＊＊＊＊＊＊＊＊＊＊＊＊＊＊＊＊＊＊＊

在殖民統治時代香港這借來的地方、借來的時間的人，都離不開中國。我想，每一代香港人心中總會在某段時期、因他們在中國的經歷或因他們對中國的認識，而把中國在他們心中定格在某一時間。對於我父親那一代、那一種經歷的人來說，自他來到香港後到他再第一次回到中國前，定格在他心中的中國便是內戰的中國、是共產黨把國民黨吃掉的中國、是故鄉那些貧窮與飢餓卻滿載親情等待他接濟的親戚的中國。

對於我和很多與我同齡在那時代成長的人來說，我想或者我

們心中的中國便是定格在文化大革命的中國。有一些人會隨着80年代中國改革開放而改變，有一些人會晚一些，隨着香港回歸中國而改變；又有一些人會如我一樣，隨着中國早年緩慢的進步到近年急速的不斷改變而改變。拒絕認識中國年輕的一代和很多拒絕改變的上一代，也許定格在他們心中的中國便是1989年6月的中國。更有一些人，如我的父親，永遠不會讓人知道定格在他心中的中國，究竟是否已隨着中國的改變而改變。

我的父親來香港後超過30年沒有回到他的故鄉。1980年他帶着我的姐姐第一次回到他兒時的故鄉。那一次回鄉後回到香港，我的父親對我說，香港是他的「家」，將來他死的時候也要在香港。我的父親對我說那番話的時候，沒有很明白的說為甚麼他這樣說。但我想，就如幾年後，中華民國蔣經國總統在台灣開放黨禁報禁，容許1949年隨國民黨退到台灣、接近40年沒有回到大陸故鄉無數喊「想家」的台灣老兵回到大陸的故鄉的「家」時的情景一樣。那些如我父親一樣年輕時離家，幾十年後再回鄉的老兵，發現故鄉的「家」已不是他們心裏所想的家，他們心目中的故鄉已變得那麼的陌生、那些他們心目中最親的故人也是如此的陌生，那已不再是他們所認識的家、不再是他們所認識的故鄉和故人。

1988年開始回鄉的台灣老兵忽然發現，客居的台灣才是他們的「家」。就如我的父親在幾十年別後初次回鄉後忽然發現，香港這借來的地方才是他重拾的故鄉。

＊＊＊＊＊＊＊＊＊＊＊＊＊＊＊＊＊＊＊＊＊

其實，我比我的父親更早踏足內地。1976年底大學第二年

聖誕假期，毛澤東剛去世幾個月、「四人幫」倒台才三個月，我與兩個同宿舍的同學到了廣州，再在廣州坐船沿西江通宵航行一晚才能到達那才不過 100 公里外的肇慶。

那是一次心靈震撼的旅程。雖然「四人幫」倒台了，但人們仍然活在文革中。人與人之間掛在臉上的冷漠、猜疑和互不信任，帶給年輕的我對人性前所未經歷過的深刻認識。那是第一次我認識到政治對人性的扭曲，也許那便是我父親對我說他要死在香港的原因。

在香港，在路上隨便挨近一個途人，很隨便的張口問路說「哎，去哪裏哪裏該怎麼走？」張口這樣問，甚而不用對被問的人稱呼，被問的人會很自然的回答該怎麼走、或回答說他也不知道。但在那個年代的廣州，這樣的挨近一個途人，還沒有開口問路，那被挨近的途人早已退開兩步，很緊張的看你究竟在準備怎樣，又或者若你已開口問，那途人會裝着聽不見急步走開。那便是那個社會上只有政治而不再有別的，而產生人與人之間只有冷漠、猜疑和基本信任也沒有的人性扭曲的年代。

結果，經過幾次這樣別人的退避、被人拒絕和不理會後，我們忽然學會了，要問路便得先把發問的對象截停，讓他清楚知道他是被發問的對象，然後很正式的向他發問：「同志，我可以問你一個問題嗎？」這樣，那被截停充滿猜疑的途人才會被逼面對向他發出的問題。我們認識的香港不是這樣的，路旁問路就如閒聊一樣的隨便，說了路該怎麼走，還可以多聊幾句。殖民統治的香港不是一個政治掛帥的城市，除了政治，人與人之間，還有很多很多別的，那便是真正的香港本土。

從別人那些自己認為是匪夷所思的行為和表達方式,我們對自己的一套行為和價值加深了認識。殖民統治時代的香港對大多數人來說,生活中沒有很多的政治元素。這非政治化的環境,孕育了我們對不同人不同的政治觀點、人生目標、不同的生活態度與處事方式最大的寬容。香港本土的特質是甚麼?我會說是擁抱多元,我們不會讓任何單一的價值觀主導了我們對有異於我們的人的寬容。

80 年代的中國大陸故鄉,對我的父親、對台灣老兵來說,政治掛帥扭曲人性、扭曲了親人之間的親情和人與人之間的感情,人與人之間因相互猜疑而變得陌生。

＊＊＊＊＊＊＊＊＊＊＊＊＊＊＊＊＊＊＊＊

但是人性往往隨環境與教育而改變,我們所展示的人性,往往反映了我們所處的環境。

1988 年冬天,我與一間中資銀行信託公司的經理,一同到湖南湘西一個叫漵浦的山區農村,見證一個 50 年代年輕時支邊去了新疆,鄧小平上台落實政策回湖南故鄉終老,病臥在牀的老婦簽署一些文件,處理她亡夫父親在香港新界遺下的一些土地。

我們從廣州坐軟臥火車去,回程時與兩個從新疆來的公證員一同坐在往廣州、煙霧瀰漫的硬座車卡上。那是 28 小時的火車旅程,坐滿了人的車卡站滿了乘客。站了兩小時才在兩排面對面的六個座位中找着空位坐下,旁邊三個貴州女孩霸着四個坐位,每當火車到站,剛上車的人坐進我對面那空座位時,霸着空座位的三個貴州女孩便與坐進去的人打起來。

不久,一個 20 歲左右的湖南女孩上車坐進了那空座位,三

個貴州女孩又與這湖南女孩打起來。最終圍着的羣眾的意見是三個貴州女孩不對，該讓這湖南女孩坐下。滿面淚水的湖南女孩坐在一排三個座位的中間，她旁邊靠近通道的男人提議與她換個位置，免得她與那些貴州女孩因碰撞又起爭執。那帶着淚水的湖南女孩很堅強的拒絕，彷彿在告訴所有人坐這座位的權利是她向身旁這些不合理的人爭取回來的，為甚麼要怕了她們？

湖南女孩只坐了兩個多小時、兩個站後便下車。我很奇怪的問同行從新疆來的公證員，打了這麼大的一場架，只為了坐兩小時便下車了？不乾脆站兩小時算了吧？50 多歲的公證員對我說：「哎，你們不明白，要是她不打，別說這兩小時，往後 20 年她都得在火車上站着。」

人性便是這樣。我們在香港，最堵車不會超過兩小時，站兩小時又怎樣了？我們有條件文明。但在中國那甚麼都匱乏的年代，物質與客觀環境的匱乏塑造了特殊的人性。我們看不慣，也不了解，但我們有嘗試了解嗎？更重要的是：我們有反省過我們自己嗎？

火車在深夜駛進廣東北部。在韶關，一對夫婦拖着一個四、五歲的小孩，抱着一個嬰兒，挽着一個行李箱上車。男的把行李箱在我身旁放下，女的抱着嬰兒坐在行李箱上，那四、五歲的小孩很自然的靠着母親在行李箱旁躺在我腳邊，一直到天亮。

我們的文明、教養、禮貌、關懷弱小，在極度惡劣的環境中全都忘了

那次五天的旅程，差不多一半時間在火車上。五天沒有洗澡，回到香港，我反問自己，在韶關往廣州火車車程上，我竟然沒有一刻想過讓座給我身旁那抱着嬰兒的母親或那躺在我腳邊的小孩。我們平時驕傲地說我們文明、我們有教養、我們懂禮貌、我們關懷弱小；但在極度惡劣的環境中，我全都忘了。

我很誠實地告訴自己，這些文明人的價值，在那站滿了疲憊不堪的人羣的火車卡中，不曾有一刻在我的腦海中閃現。

今天，香港人很自我中心、很有優越感地批評內地來的人與我們不同的習慣和表現，從而排擠他們，我們缺乏的也許便是對他們冷靜的觀察、理解和對自己誠實的反思和反省。

＊＊＊＊＊＊＊＊＊＊＊＊＊＊＊＊＊＊＊＊＊

12 年後，在 2000 年夏天，我與 15 歲的大女兒和九個中學女教師一同往絲綢之路旅遊。在甘肅敦煌坐上了往新疆哈密的火車。連同另一個男團友我們一團 12 人，帶着我們的領隊，是上世紀越戰結束後從北越偷渡到廣西再移居香港性格強悍的越南華僑，在不用實名購票的年代，他為 13 人買了 14 張車票，我的女兒與四個女教師五個人佔了對坐兩排的六個座位。

火車從敦煌開始出發，乘務員問我們多少人，領隊說我們 13 個人，但佔 14 個座位。乘務員說空的座位得讓出來，領隊說我們買了 14 張車票。乘務員看我們是香港來的，便對我們說：「咱們是社會主義國家，你有錢買了一卡車的票，那一卡車都得

空着了？」

　　如同 12 年前湖南湘西往廣州的火車旅程一樣，我知道她們這樣佔着空座位必然會產生爭執，便勸告她們把空座位讓出，我的女兒與四個女教師沒有理會我。結果每次中途停站，新上車不知道我們有 14 張車票的人坐進空座位，強悍的領隊便仗着有空座位的車票、如那三個強悍的貴州女孩一樣跟人家吵起來，把佔空座位的人趕走。

　　到最後，一個孕婦坐進空座位，強悍的領隊又與人爭吵。站在通道旁疲憊不堪的人當中，一個男人終於開口說從敦煌火車開出已看着我們，說我們的行為已引起公憤。結果我不讓那強悍的領隊再與別人吵，着我的女兒把空座位讓出。

堅持一張空座車票的權利與讓出半邊座位的寬容

　　晚上十多個小時的車程中，我看着女兒六個對排座位通道另一邊的對排四個座位，其中一邊一對年輕情侶親密靠窗坐着，空出了座位靠通道旁一點點位置，一個男人便半邊屁股坐在那對情侶旁邊，三個人坐兩個座位。

　　不久，那對情侶女的起來要去洗手間，坐着半邊屁股的男人慌忙起來讓開。那對情侶微笑對這男人說：「沒事沒事。」示意他繼續半邊屁股坐着。

　　在那同樣每一個人都疲憊不堪的環境中，我看到了內地 12 年間人性的變化。一對年輕情侶對佔了她們半個座位的陌生男人的寬容，相對於來自香港那位強悍的領隊、我的女兒和四位香港

教師，為伸張那第 14 張車票賦予的權利而作出的堅持。我反問我自己：究竟是我們為維護我們的權利而堅持對了，還是那很樂意放棄半邊座位權利的年輕情侶對了？

又或者，這根本不是權利問題，而是對人性與文明的拷問。我們推崇我們本土價值的人性與文明，但我們真的有着比內地人更為優越的人性與文明嗎？

＊＊＊＊＊＊＊＊＊＊＊＊＊＊＊＊＊＊＊＊＊

過去，在與內地產生碰撞時我們自我感覺的優越感，來自我們比他們富有、來自呈現在我們眼前中國的落後和內地人那些非現代文明人所能接受的習慣。但很多時候，我們那些並不實在的優越感，往往是來自我們對陌生的中國和陌生的內地人的不認識，以及我們的自我和無知。

我年輕的時候是通過外國人認識到自己對中國的陌生。1983 年初，我仍是一間律師行的見習律師。當年，外國超大型的國際律師行仍未進軍香港，我實習的算是本地的英資律師行，代表英國石油公司，處理英國石油連同四間西方石油公司與中國海洋石油總公司的南海離岸石油，五個區域合作勘探合同的中文版本的審閱核對工作。

在那個沒有手提電腦、也沒有桌面電腦的年代，由於雙方的互不信任，在北京正式簽署合同前兩天，中國海洋石油總公司建議把 60 份要簽署打印好的合同稿，鎖在北京釣魚台國賓館接待來華簽約的英國石油總裁的一棟樓，由兩方人員作最後審閱核對，人可以離開，合同文本在正式簽署前不能離開。

那是 1983 年初，我與同律師行的兩位律師一天晚上到了北

京，來機場接我們的是英國石油駐北京的一男一女律師，男的是澳洲人，女的是蘇格蘭人。他們帶領我們在兩旁漆黑一片、彎彎曲曲只有一條行車道的機場公路走了大半小時，到了附近仍是菜田的建國門外，當年北京唯一的中外合資酒店建國飯店。

進入建國飯店，在前台辦理酒店入住手續，三位來自香港只說粵語的律師及見習律師忽然發現根本不能與前台的服務員溝通。為我們用普通話翻譯與前台服務員溝通的，竟然是那兩位金髮的澳洲律師及蘇格蘭律師。

那是一次令我感到震撼的尷尬。也令我反思，殖民統治時代，香港出生的我們，雖然可能拿着英國屬土公民護照，我們從來沒有懷疑過我們的中國人身份。但當我們在那陌生的中國面對本來與我們應沒有兩樣的中國人時，我們忽然發現殖民統治的緩衝，竟然把我們與酒店前台兩位服務員和其他與兩位服務員說着同樣語言的無數中國人，分隔得那麼的遙遠。

讀書的時候我們讀中國歷史，我們看《三國演義》、看《西遊記》、讀《紅樓夢》去了解中國的歷史和文化；我們從《錦繡中華》畫冊的美麗圖片認識中國的河山。我們以為因為我們是中國人所以我們了解中國，但事實是我們連了解在面前的前台服務員在說甚麼的能力也沒有，事實是 1970 年代末 1980 年代初，一個移民了美國的中學同學假期從美國回來，與他跑上落馬洲邊境山丘上遙望掛着五星紅旗荒蕪的深圳，仍然可以帶給我們對腦海裏一遍空白的中國無限的想像。

我們年輕時對中國的不認識，也許比今天的年輕人更甚，我們的思維與生活習慣都非常本土。然而，我們本土但我們不排擠

中國、不討厭中國。討厭中國的，靜悄悄地移民他去；走不了的，渴望多一點認識中國。80年代，中國決定收回香港主權，也許我們是無奈接受，但只要是仍留在香港，我們便離不開中國。我們仍然保留我們與內地不同的獨特思維與生活方式，我們仍然非常本土，那將會是繼續延續下去、離不開中國的本土情懷。

＊＊＊＊＊＊＊＊＊＊＊＊＊＊＊＊＊＊＊＊＊＊

寫這一篇篇故事的時候，翻開手機，看到一幅很有意思的照片。

去年參加一個港大同學的兒子的婚宴，新翁是退休的官立中學校長蔡崇機先生，蔡崇機退休前曾是我太太的同事。婚宴中段，他到了我坐的一桌祝酒，坐在我的旁邊，一堆人把坐着的我與蔡崇機圍在中間，拍了一張合照。

看着這照片，我想起那火紅的大學時代。我在1975年進入香港大學，當時適值文革末期，也是最瘋狂的年代。那時港大校園，親共被稱為國粹派的與反共被稱為自由民主派的同學鬥得不可開交。

進入港大第一年剛開學，便被那時在港大讀法律的民主黨前主席何俊仁先生推動組閣的自由民主派，拉去參與競選港大學生會幹事會。1975年11月的港大學生會幹事會選舉是港大學生會有史以來競爭最激烈的一次選舉。那時港大4000學生中有超過2000學生參與投票，結果是票數接近得需要兩次重點選票。得出的結果是兩個10人候選內閣，國粹派內閣三人當選，包括會長和蔡崇機；我所屬的自由民主派內閣七人當選，包括兩個副會長、也包括我。我記得，在2000多同學的投票中，我只勝了我

的對手幾十票。

前所未有的激烈競爭的選舉產生的混合內閣，也帶來了接着一年幹事會任期前所未有的激烈政治鬥爭。那一年，港大學生會幹事會每天便是在爭論不休的政治爭拗和鬥爭中度過。那也是今天香港的縮影。

記得有一次大學校方推出了一些新的措施，客觀效果是對學生舉辦活動帶來不便、阻礙與影響。學生會幹事會掛出了一幅「反對校方壓制學生活動」的標語。標語掛出後，泛政治化的國粹派同學便指斥說校方壓制的不是學生活動，而是學生運動，掛出「反對校方壓制學生活動」標語實際是幫助校方掩飾校方壓制學生運動的真正目的。就是這樣，兩方學生便展開爭論。當時已離任屬自由民主派的上任學生會會長、後來成為支聯會副主席的麥海華先生，與那些泛政治化聲稱校方新措施目的是壓制學生運動的國粹派同學，就是這樣的可以在標語前爭論了一個下午。

那是與今天立法會內建制與泛民為一些非政治議題而政治化上綱上線地爭論多麼熟悉的場面？不同的是，親共反共，誰泛政治化？誰不泛政治化？角色似乎已互調了。

我與來自不同陣營的蔡崇機在同一幹事會中，這樣的爭吵也每天發生。有一次，在幹事會內一些議題的爭執中，我因不滿意蔡崇機的立場，便在會議中途呼籲我這一方的七位幹事離場，讓幹事會會議流會。那又是多麼熟悉的場面？今天的立法會同樣的場面是不是也不時在上演？

政治是永遠叫不同政見的人爭論不休的話題。40 年過去了，當年在港大學生會幹事會中曾經與我因政見水火不容的閣員共坐

一起，慶賀他的兒子進入人生的新的階段。

盲目偏執於理想的短暫熱情把我們蒙蔽，細水長流的歲月與冰冷世情使我們醒悟

40 年前大學時期豪情引吭高歌《我的祖國》，對陌生的共產中國充滿憧憬的大學同學，過了 20 年後遇見他們的地方是每年一度紀念六四的遊行。盲目偏執於理想的短暫熱情把我們蒙蔽，細水長流的歲月與冰冷世情使我們醒悟。過去的政治紛爭，早已煙消雲散。也許，政治真的是只爭朝夕，但人與人之間，並無永遠不可融和的偏執；特別是當把政治掃到一邊的時候，我們驀然發現，曾經與自己水火不容的人，其實與自己並無兩樣。

＊＊＊＊＊＊＊＊＊＊＊＊＊＊＊＊＊＊＊＊＊＊＊

我的本土故事，除了離不開中國，也離不開政治。

少年時把我引進政治的是我的中學同班同學、前《明報週刊》社長總編輯龍景昌先生。讀書時他年紀比同班的同學大，早熟的他早在 1970 年已參加爭取中文成為法定語文的社會運動，接着引領我和我的幾個同班同學參加了第一次保釣、同時也參與反對殖民地政府對保釣運動的鎮壓。在 1971 年的春天和夏天，我們還只是中四學生，在那政治恐懼、家裏的人都反對年輕人參與政治的殖民統治年代，我們參加了不知多少次的示威集會。

年輕人對社會現狀不滿，是每一代人共通的。但回想，同樣對現狀的不滿，不同年代的年輕人會有不同的取態。

1972 年 2 月初春一個午飯後的下午，我與龍景昌都沒有上

學，在西半山港大校園後的石板路雨中漫步。龍對我說他不參加 5 月的中學會考了；他說他要去法國追尋他的革命理想。龍便是這樣在 1972 年初匆匆離去，追尋他的革命理想。我很現實地留下來，讓我留下來的殖民統治的香港仍然貧富懸殊、社會不公。讓我留下來的文革中國仍然共產僵化、人性扭曲。

龍景昌去了法國後，與他很多年沒有見面。80 年代初，有一天下班在中環遇見他，多年沒見，他對社會仍然充滿憤怒，也滿腔熱情。他見到我的第一句是很認真的問我：「你認為香港需不需要革命？」

我毫不猶豫也同樣認真的用英文回答他說：“Even the poor deserves a revolution.”（即使對貧窮的人也該來一次革命）年輕的我也對社會充滿憤怒、也滿腔熱情。

龍景昌為 80 年代初香港的貧富懸殊與社會不公而憤怒，我為貧窮與承受不公的人那種甘願默默忍受貧窮與不公而憤怒。

1989 年 5 月，龍景昌對我說他要到舉世矚目的北京去，他說他的法國籍太太勸他不要去，他說他對他的太太說不行，他說作為做新聞的，他要活在歷史現場。他跑到北京，那年 6 月 1 日我在香港打電話給在北京的他說，香港的新聞報導說有消息指北京機場要封閉了，着他立刻回香港。結果他很罕有的聽了我的話回到香港。不久後他笑着對我埋怨，說是我不能讓他活在那時舉世矚目的北京的歷史現場。

那些年輕歲月，有人會如龍景昌一樣滿腔熱情帶着憤怒與執着的想幹便幹；有人會如我一樣：同樣熱情、憤怒與執着，但因現實而多了幾分猶豫。

很多年後，龍景昌曾對我說，現在跑新聞的年輕記者都以為自己頭上有着正義的光環、記掛着的也只是頭上的光環。也許真的是今天跑新聞的，重視的已不是默默的在歷史現場平實地向世界訴說真實的歷史；而是盤算如何讓自己筆下描繪的歷史使自己頭上的正義光環更加閃亮。

我們都曾年輕過，但當我們發現時，我們已經不再年輕

2009 年秋天，我與龍景昌均已年過半百，兩個 50 多歲的男人一同從比利時到法國沿着英倫海峽海岸漫遊。一天黃昏他把車停在比利時靠近法國英倫海峽海岸邊的一間小餐廳，我們一同吃晚飯。晚飯中段時龍景昌忽然很平靜的對我說，法國存在主義哲學家作家沙特（Jean-Paul Sartre）曾經說：「我們都曾年輕過，但當我們發現時，我們已經不再年輕。」

沙特說：「生命是無用的激情。」（Life is a useless passion.）

回首過去那滿腔熱情為理想而憤怒和執着的年輕本土歲月，當我們發現我們不再憤怒與執着的時候；也許我們發現的不是我們已不再年輕，而是我們發現在生命中、我們曾經大半生熱烈擁抱的只是那不再有用的激情。

（原文發表於《我們是香港真本土》，2017 年）

篇後記：

2009 年英倫海峽法國與比利時沿岸之旅十週年，2019 年秋天再與龍景昌在法國重拾十年前海岸之旅的心情。一天下午車在法國南部的高速公路壞了，租車公司指派拖車把車拖到一個小村落的車場時已是黃昏，車場的人也下班了，把我們留下等待租車公司派來的的士，那寧靜沒有人小村落的空曠天邊突然出現兩條彩虹。在 middle of nowhere 的法國小村落遙望日落黃昏的兩道美麗彩虹，剛完成了兩次手術與 12 次化療不久的我，腦海浮現的感覺就如沙特擬名為《往自由之路》的生命三部曲中的第二冊《暫時的喘息》(The Reprieve)。凝視那無限美好的夕陽黃昏，就如在大步踏向生命末段的最後奮鬥前，停下來回望過去，享受那短暫喘息的片刻夕陽餘暉。迴響着四分之一個世紀前龍景昌在香港回歸中國前夕，辦了一個叫《我們是這樣長大的》特輯的序言中所說的：「⋯⋯讓我們暫且駐足回首，細辨從頭；然後一揮衣袖，帶走漫天雲彩，繼續上路。」

我不想也無能力當一根香蕉

　　在上世紀七、八十年代來自基層進入兩間大學寄宿過的學生，畢業後很多都不願意搬回擠迫的家。

　　在大學畢業後與我讀中六的弟弟及一個大學同宿舍的同學租住了一間套房。每天早上，不是我的弟弟，便是我的那個 Hi-fi 發燒的同學，總愛播放一套在東非洲肯尼亞長大的英國歌星 Roger Whittaker 1975 年在加拿大 Hamilton 一個音樂會的雙黑膠碟。那個音樂會中，Roger Whittaker 曾經說東非洲有一句這樣的諺語：

　　　　All politicians are like a bunch of bananas.

　　　　They hang together.

　　　　They're all yellow.

　　　　And they're not straight with one another.

Roger Whittaker 說那只是一個笑話。

"We can't live without politicians, can we?" 他問。

我們的社會能沒有政客嗎？抑或我們已有太多政客？

　　區議會選舉塵埃落定後，個別有心人和好朋友 email 給我，希望我能就泛民的落敗、公民黨的脫離羣眾寫一些甚麼。那好，

作為民主派中的人，我感性地寫一點甚麼。

我認為泛民今天的一切都由「五區公投」與「政改方案」開始。因此，對不起，我也只能從「五區公投」與「政改方案」說起。

民主黨去年不參與五區公投，支持了政改方案，引來了一些人的批評責罵，那很正常，民主黨並沒有與批評者對罵。民主黨甚而對一小撮人阻撓及肢體衝撞參與七一遊行的民主黨人、當街辱罵民主黨的捐款站義工、在區議會選舉中以惡毒的粗言穢語辱罵民主黨候選人及支持者的行為極度忍讓。民主黨人對這些不公平的對待，整體來說可以算是做到「打不還手，罵不還口」。

五區公投與政改方案是政治立場不同的政治取向。問題是政治取向不同，民主黨人受到的不公平待遇在號稱同路人的泛民中人，一年半過去後仍沒有一個人站出來說一句公道話，直到這次區選過後我才第一次聽到何秀蘭小姐對這些語言和行為暴力的行為說出批評的話。這便是一個值得深思的問題。

去年我在《明報》中說，我對身為大律師的議員不肯仗義執言，維護民主黨人也有持不同政見的權利而不應受流氓般對待而表失望，我對大律師議員對這些語言和行為暴力的沉默而感到失望，然而我所得到的回應是甚麼？是近乎等於說民主黨被人粗暴對待是活該的咎由自取。

在那一刻，對語言及行為暴力保持了緘默的泛民中所謂正義人物，其實早已選擇了當一個政客，他們擔心失掉這些暴民的選票，多過關心我遊行時不受暴力對待的權利。

有時我很不明白，民主黨七一路旁捐款站的義工、被人惡毒咒罵、被 V 煞光着上身翹起屁股辱罵，民主黨的大佬仍可以若無

其事包容這些人在議會中的偶像這麼久。誰可以有這樣的特權，因為別人的政治見解與路向與自己不同，便肆意對人使用語言行為暴力？泛民中人一年半來沒有一人站出來說一句公道話，難道這便是政治？這便是政客的潛規則？對施暴者沉默的泛民諸位別再對我說你們代表法治、人權、正義，你們只不過是另一堆香蕉而已。

今天區選失利，看到了語言及行為暴力沒有市場，才相繼說要與語言及行為暴力割蓆，去年七一我在銅鑼灣被戴黑超的人阻撓遊行，在政府總部被人推倒在地，你們有哼過半句公道話嗎？說甚麼原則？你們只是徹頭徹尾的政客而已。

創造近代新保守黨的 19 世紀兩任英國首相 Benjamin Disraeli，有一句在一個半世紀以來被無數政客引述了很多次的名句：Damn your principles, stick to your party。

路早已不同，還說有共同理想目標，既欺騙別人、也欺騙自己。Why still hang together？不是為了選票？還是為了甚麼？我真的很失望，別再拚命的往自己頭上戴法治、人權、正義的光環，在很多人心目中，泛民諸公早已是以選票為第一的普通政客而已。

在那些流氓使用暴力對待民主黨人的時候，唯一站出來厲言指斥暴力政治的是民建聯，即使他們表達的是一些泛民精英說的只是虛偽，但我感到他們說出了我想說的，我感到 comforting。泛民的人，公民黨的？街工的？職工盟的？沒有一個站出來疾聲說一句公道話，為甚麼？他們選擇了當一個政客，希望保住那些人和同情那些人的選票。為他們的功利我感到痛心。

我的一個朋友是一個在五星級酒店管房部，老老實實地每天清理酒店房間已 20 年的老員工，每天中午在清理的房間開了收音機一邊聽節目一邊工作。收音機的新聞報導說工聯會舉辦遊行反對外傭居港權，並且說外傭成了永久居民，他們年輕而且英文比現時酒店業的、旅遊業的從業員好，勢必搶了這些人的飯碗，即使不搶飯碗，也必壓低了工資。老員工在清理酒店房間的毛巾時感到工聯會說出了他心中的恐懼，他的感覺是工聯會遊行隊伍喊出的口號溫暖了他的心。

　　整天想着頭上戴滿光環的泛民大哥們，甚麼時候你們曾大聲呼喊溫暖這些老實人的心？甚麼時候你們曾厲聲斥責暴力政治，說出我想說的來 comfort 我。

　　前些時候，民主黨何俊仁先生問我是否參與選委會的選舉，我毫不思索的說不。

　　對不起，因為我不想也沒有能力當一根香蕉。

（原文發表於 2011 年 11 月 12 日）

他們為十盒西餅
折騰了一個下午

　　曾蔭權先生不顧身份接受富豪多次豪華款待，接受富豪提供月租 8 萬元的 300 萬豪裝豪宅，不單不斷自稱問心無愧，還把責任推向公眾，說是香港市民要求提高了，使他的行為與市民要求有落差。這種責人以嚴、律己以寬，諉過他人的做法實在使人憤怒。

　　其實很簡單，如果曾先生不是特首身份，這些富豪會爭着向他獻殷勤，又是遊艇又是私人飛機、富豪飯局的款待嗎？曾先生當公務員 40 多年，沒有理由不明白這些道理。不妨問問公務員們、問問一般市民，我相信大多數人只會說那是他個人的墮落，而不是市民要求的提高。

　　陳偉業先生在立法會的質詢中，舉了幾個公務員犯輕微錯誤而被重罰的例子來指斥曾先生的荒謬，我在這裏希望正面一點看一般公務員是如何戰戰兢兢、規行矩步地執行公務的。曾先生面對他的下屬，實應慚愧不過。

　　我的太太是一間官立中學的校長。她曾告訴我，她的學校和另外一些官校為學生安排暑期到國外的遊學，選用了一間一直均

為津校舉辦這些遊學團具豐富經驗的團體。這些團體要求每一間學校至少要有 20 個同學參加才能成行，同時，因為學生年紀小需人看管及照顧，而團體本身不能為所有學校的學生提供人手照顧，所以一般會要求學校派出一名老師或導師陪同，而這位老師或導師的機票及住宿費由舉辦團體負責支付。

問題來了，在申請這些外遊團時，教育局嚴格審批，特別是問隨行老師在外國的機票住宿費是否由學生支付的團費中拼湊資助，雖然舉辦團體回應導師的旅費是舉辦團體繳付而並非由學生繳交的團費拼湊資助的，教育局的意見仍然認為官校老師作為公務員不應接受外界利益，故並不贊同這種方式為官校辦遊學團，認為以後不應再辦。

說題外話，也是由於規限多，所以在這重視學生通識教育與其他學習經歷的大潮流中，官校很難與自由度遠比官校大的津校及直資學校競爭的原因。

說回題內話，官校老師，用暑假自己的時間帶學生到國外兩個或三個星期，純是額外的工作，政府為保持公務員廉潔和絲毫不能受外界質疑收受利益，故表明不接受舉辦團體即使是自己聘任導師也要花的機票住宿費用在義務的隨行官校老師或導師身上。可以看出曾蔭權先生對他下屬的要求是多麼的嚴格。

今天，曾先生說他自己為自己私定準則，我不知道他的準則是甚麼。為私人享樂坐人家的私人飛機、私人遊艇、為退休接受人家 300 萬裝修。曾先生，你對得起唯一的暑假長假仍帶學生外出遊學的官校老師、卻被質疑收受利益的指摘嗎？

幾年前，我的太太仍是一間官校的副校長時，教育改革推

行得如火如荼，家長老師苦不堪言，教協呼籲老師靜坐抗議，一位老師打電話給我的太太叫她參加靜坐，我告訴我的太太說，作為官校的管理層，專業上有責任推行政府政策，個人看法必須放下，結果我太太沒有參加靜坐。我認為香港擁有最優秀的、專業的和廉潔的公務員隊伍，到今天也如是。墮落了的只是那些與富豪們稱朋說友、頻頻在 ball 場與富豪見面的高級官員而已，墮落了的只是我們的特首而已。

《明報》社論說曾先生的故事是一個優秀公務員異化的故事，我倒想說說一個真正的優秀公務員的故事。

那又是 1980 年我還在當低級公務員在運輸署牌照部工作時的舊事。那時，接載學童上課的車輛沒有規範，因為眾多涉及運載學童的客貨七人車的交通事故，政府決定發牌監管，規例通過後，交由運輸署牌照部公共車輛組向那時沒有監管的運載學童客貨七人車發牌。

那時候代表經營那些運載學童上下課車輛與運輸署協調的骨幹，主要是一批經營那些車輛的退休或現役警察的太太們，由於要趕及在 9 月開課前完成發牌程序，所以公共車輛組從牌照部其他組別抽調了一些同事幫忙，頭昏腦脹的每天被這些警察太太們七嘴八舌的煩了一段時間，終於完成了發牌。那便是今天的保母車。

整個發牌程序完成幾天後的一個下午，這些警察太太們為了感謝運輸署牌照部人員的辛勞，送來了十盒西餅蛋糕。

那一天下午，正當牌照部的同事高興地準備下午茶時間有蛋糕點綴的時候，當年運輸署牌照部公共車輛組的主管，高級行政

主任趙不倚先生忽然很掃興地說不行。他說送來的西餅蛋糕價值超過了公務員可以收受的禮物價值標準（當時大概是不超過 100 元或 200 元，我已忘了），所以不能接受。

那怎麼辦？

結果，公共車輛組的同事不單西餅吃不成，他們還需為這十盒西餅折騰了一個下午，找到一間老人院，花車費把這十盒西餅送去。

我在這裏，再向 30 年前可以說是優秀公務員典範的趙不倚先生致敬。我鄙視我們今天的特首的所為。

曾先生，你怎麼對得起人家好意送來的西餅蛋糕也不敢隨便吃的下屬？曾先生，市民沒有變，公務員沒有變，我們仍然秉持很高的標準，一直以來均如此，變了的只是你自己而已。

（原文發表於 2012 年 3 月 8 日）

Mr. Justice Hunter
看見我掉頭便走

同一天的兩則新聞。

一批露宿者的集體訴訟，揭發了這些露宿者在窄窄的路旁棲身的被鋪家當被食環署當垃圾扔掉。到今天，這些露宿者仍不斷被食環署清洗街道滋擾。

審計署署長揭發了特首曾蔭權先生竟然豪花納稅人 1 200 萬元周遊列國（還沒計算為迎合他所好駐外經貿辦先頭部隊的大花筒亂灑亂花），曾先生 55 次外訪、41 次入住國家元首才入住的豪華總統套房。事件曝光，恬不知恥的曾先生只在電視機鏡頭前說一句道歉了事，簡直不知所謂。

1 200 萬，想想，足夠安置多少個露宿者多少年的租金？

香港到底怎麼樣了？

在審計署長的報告公佈那天，剛與一些長住在澳門的朋友吃飯，一位朋友說新聞報導說曾特首的媳婦考甚麼試，特首竟然在考試前找負責那次考試的人吃飯，這是甚麼意思？我這朋友這樣一問，使我想起 30 年前一位高院法官看見我掉頭便走的故事。

1983 年初我仍是見習律師，律師行的一位合夥人指派我在

一單需聆訊 30 多天的民事官司中，協助律師行聘任出庭的大律師。那時高等法院已搬離了原來的最高法院（舊立法會）大樓，但在金鐘新的高等法院大樓仍未建好，所以政府租用了灣仔新鴻基中心高層的幾層樓用作高等法院的法庭。

在那聆訊一個多月的民事案中，我工作的律師行代表被告，那一個多月便是每天跟着代表被告今天已是資深大律師的郭慶偉大律師；主審法官是已故的 Mr. Justice Hunter。當年新鴻基中心剛建好不久，附近仍比較人煙稀疏，大廈最低幾層的小商場只有兩間餐廳，一間中餐的海鮮酒家、一間高級西餐廳。每天中午散庭，下午仍要回法庭的律師大律師，一般會在中餐廳午飯。我便是這樣的天天中午跟着客戶和郭大律師在大廈唯一的中餐廳午飯。

案件審了十多天，有一天客戶沒有到庭，中午散庭的時候，郭大律師在律師更衣室對我說今天想吃西餐，着我趕快立即先到西餐廳霸位等他。我很奇怪，平時那西餐廳午飯時人不多，不用訂位，為甚麼要我先去霸位？但無論如何我還是依從指示先到了西餐廳在一張餐桌坐下。

郭大律師很快也換好了西裝到來一同坐下。就在這時一個高大的身影走進西餐廳，Mr. Justice Hunter 拿着一份報紙很悠閒地步入餐廳。但當他看見郭大律師和我已坐在餐廳的時候，便立刻匆匆地掉頭往門口方向走，離開了西餐廳。

當時仍是見習律師的我，立即明白了郭大律師要我趕在 Mr. Justice Hunter 之前先到餐廳坐下的原因。

這些小節沒有明文的規矩，但尊重我們良好的制度、尊重自

己人格的公職人員和專業人士，都會時刻知所進退。

案件審理進行當中，主審法官與控辯雙方律師不在同一餐廳吃飯，免人產生瓜田李下的聯想，其實是很顯淺的道理。位高權重的高官，更是在任何時候均應小心言行。回歸以前，最高法院首席大法官楊鐵樑先生，便因在社交場合對新華社的官員說了一些不合適的話被公開，而為自己也為政府帶來尷尬。

令我想起這 30 年前舊故事的朋友，只是一個常住澳門已 30 多年的普通香港人，他說不出曾先生那頓飯的問題是甚麼但感覺那頓飯有很大的問題。我不相信曾先生他本人不知道這樣的時刻與這樣身份的人吃飯是有問題的，但這便是我們這位為了自己利益而不知進退、不顧身份、不理會規矩、不尊重自己人格的百官之首。有這樣的第一把手，市民還能對他下面的官員有甚麼期望？

我們珍惜我們引以為傲的香港價值，到底怎麼了？回歸以後，這些全不問責的所謂問責官員、政府高官借用自己的權位於在任時爭相與富豪交往，競效富豪的生活方式，毫不避嫌，爆出連串令香港蒙羞的醜聞，實在使人憤怒。

曾經有過這樣的流傳，說回歸前的港督衛奕信爵士在退休後回英國，回復平民身份，剛下飛機走出機場便要與一般民眾爭的士了。然後看看我們這個離譜的特首和那些上樑不正下樑歪的問責高官？他們位高權重，一班富豪爭相向他們獻殷勤，他們當中一些混飯吃毫無建樹的，習慣了這種飄飄然的感覺，哪裏還會想將來退休後當回普通的老百姓？他們屁股坐在政府總部，心裏早已在盤算着退休後如何做富豪或做富豪的跟班，過富豪的生活，

哪會想過退休後要和一般老百姓爭的士？曾先生他本人更是急不及待，未退休已不顧身份接受富豪私人遊艇的接送。他們的醜態，實在叫人慘不忍睹。

與常住澳門的朋友吃飯時同坐吃飯的另一位國內退休的國家幹部說，國內一直有意識地（通過新華網、人民網和內地的報章）把香港的廉潔，作為樣板向國民及國內各級官員推介仿效，但這次特首揮霍無道的外遊豪花納稅人的錢，比那些我們一直恥笑詬病的內地地方官員外訪豪花不知厲害多少倍；國內的朋友說，現在還可以怎樣向國內的官員推介香港的制度？真的，相對於內地那些我們一直鄙視的貪官，曾先生的豪花，使我們一直以來宣傳的廉潔奉公的香港制度和香港價值，變得再無說服力。

曾先生，你的所作所為，徹底破壞了香港市民幾十年來奮鬥建立起來的核心價值。如果是一般公務員有你這樣的行為，早已坐牢了。你不立即下台謝罪，不足以平息民憤。如果廉政公署不對你種種荒唐行為進行調查，香港那號稱法律面前人人平等的制度將徹底崩潰，市民不會再相信我們擁有的是內地 13 億中國人羨慕追求的制度和價值。我們將倒退回刑不上大夫的封建社會時代。如果廉政公署不對你種種荒唐行為進行調查，對不起，我也不會再相信我們的法律是公平的、不會相信我們的制度是公平的。

（原文發表於 2012 年 6 月 7 日）

篇後記：

特首曾蔭權下台後被控，於 2017 年 2 月 17 日被裁定「公職人員行為失當罪」罪成，被判刑 20 個月，上訴後減為 12 個月。最後上訴到終審法院，2019 年 6 月 26 日，終審法院以技術性問題理由裁定曾蔭權上訴得直；但由於已服刑完畢，故決定不把案件發還重審。變相無罪之身，所以曾蔭權原來所得勳章、退休俸祿與特首卸任後權利仍可享有。法庭以技術理由判他上訴得直但不發還重審，是不是官官相衛？法庭判原審法庭錯了，理應重審但沒有重審，是否等於他無罪，只能由公眾判斷。

給遠方貧困優異生燃點希望

前些時候我在《明報》的一篇文章〈究竟是誰在洗誰的腦了？〉中，提及香港培苗行動今年在尋找贊助人時遇上的困難，使他們今年準備贊助的 1 000 名內地貧困地區成績優異升高中學生中，400 多人還沒有找到贊助人，面臨失學邊緣。培苗行動的工作人員說，文章刊出後的一個星期，不停地有有心的讀者從網上找到培苗行動的電話，打電話到他們那裏贊助那些等待贊助的學生，實在使人感動。

香港培苗行動由已退休的嘉諾撒聖心書院前校長羅婉明修女（Sister Agnes）在 1993 年創辦，早期主要在廣東省及廣西壯族自治區的貧困地區，進行針對小學及初中的助學及興建學校校舍工作。

曹讓律師在 1998 年加入培苗行動，看到國內政府資助到初中畢業的九年免費教育，使到很多成績優異但家境貧困的學生在初中畢業後，便喪失了繼續接受教育的機會，所以培苗行動 2003 年開始在廣東乳源縣和廣西藤縣三所中學，對成績優異但家境貧困高中生進行學費和住宿雜費資助計劃。

隨着中國沿海地區的逐漸富裕，培苗行動開始把非常有限的資源，將資助的重心轉移到內地偏遠地區。在 2010 年，經過考

察挑選，培苗行動開始了對青海省海東地區互助土族自治縣互助一中的 100 多位成績突出的特別貧困學生的資助計劃。經過在 2011 年的進一步考察，把成績優異但家境貧困高中生的學費和住宿雜費資助計劃，擴展到青海省和甘肅省的其他五所中學。在 2012-13 學年，培苗計劃新增加資助的家境貧困成績優異升高中學生有 1 200 人，分佈在廣東、廣西、青海和甘肅的九間中學。

在去年 6 月，我與培苗行動的創辦人羅婉明修女、培苗行動的義工已退休的前申訴專員戴婉瑩女士和她的丈夫已退休前運輸署署長霍文先生（Mr. Robert Footman）到了青海省海東地區的兩個縣：民和回族土族自治縣及樂都縣的五間學生成績最好的中學進行了考察。了解他們的特困學生的情況，為落實培苗行動的擴展資助計劃提供參考數據。

這次考察的五所中學，其實便是今天貧困地區高中教育的縮影，在這偏遠的貧困地區，學生主要是來自農村及山區，青海省民和縣的兩所高中 —— 民和一中和民和二中有超過 40% 的學生是少數民族，樂都縣的樂都二中在離城區較遠的農村，學校內的圖書館書架空空如也。

而在樂都第八中學，可以看到國內大批下崗工人家庭子女的苦況，以樂都八中來說，基於前身是兩間在市郊（已破產）國企所辦的職工子女學校的原因，校內有不少是每月只接受幾百元下崗津貼為生的下崗工人的子女，他們的情況比農村來的孩子更為艱苦。

在青海海東地區，我們探訪的其中一間學校的校長說，每星期末，一大堆學生家長聚集在學校大門外為子女送來可以保存十

天八天的饅饅，成了學校一條獨特的風景線，這些饅饅（麵粉蒸的乾麵包）便是貧困學生整個星期用開水沖進肚裏裹腹的口糧。我想，這也是一幅令人傷感的圖畫。提醒身處豐裕的香港的我們，當我們的孩子在為該穿哪一對運動鞋上學而煩惱的時候，在中國很多很多我們沒有留意的角落，很多與我們的孩子同齡的孩子們正在充滿沮喪、焦慮、甚而絕望的環境中掙扎求上。

在我們考察了的五間中學中，由當地教育局資助辦提供的資料顯示及向校方了解，這五間中其中四間是縣內最好的中學，每間學校人數由 1 800 人到 2 700 人，平均來說有約 60% 是來自貧困家庭，當中的來自農村的佔大多數，其中每間學校均有幾十位特困學生（包括孤兒、單親、殘疾、父母雙下崗等）。

今年 2 月，我隨同培苗行動到了青海省民和縣民和二中為受助學生交學費和探望我安排找到贊助人贊助的 20 多位學生。在零下十多度的嚴寒天氣中，這些十多歲的孩子很多只穿着薄薄的運動衣。培苗的工作人員說培苗早前已給他們每人送了一件棉襖，我問這些孩子為甚麼不穿培苗送的棉衣，他們說他們把棉衣留給了家裏的老人家，我的心裏是一陣沉默。

我們從考察了解到的最新發展是自 2010-2011 學年開始，政府開始為每間學校內約 30% 的貧困學生提供國家高中生貧困資助，金額是每名學生每學期 750 元，即全年 1 500 元。我們相信內地政府會逐步擴大資助，但在可見的未來，貧困的內陸省份，仍會有大批的貧困高中學生及他們的家庭因經濟困難而承受極大的困擾，不少升高中學生甚而會因此而離開校園。

內地政府擁有龐大的財力，但願意付出的卻那麼少。而我們

只有很微薄的力量，我們可以做些甚麼？

我還記得我們到訪在青海省樂都縣城中心的樂都一中，校長在我們向他介紹了我們計劃提供 100 個資助名額，協助樂都縣內兩所中學成績突出的貧困生時，校長對我們說「100 個名額解決不了問題。」我們沉默了很久很久。

真的，別說 100 個名額，就是一萬個、十萬個，在貧困的內陸地區，相對於需要協助的學生，也只是微不足道的數字。但我相信，我們每一個人所做的一點一滴 do make a difference，我們所做的，不敢說是改變了在遠方的一個來自農村或下崗工人家庭的孩子的命運；但至少，我們所做的，給他們燃點了希望。

培苗行動的資助計劃對家境貧困學生資助方式，是通過向香港社會徵求贊助人，由贊助人出資支持受助學校內經挑選為特別貧困而成績突出學生，整個高中三年的學費宿費和其他費用。培苗行動並會安排每年 9 月或 10 月時和接着一年年假後派員把資助款項直接送到學校為受助學生繳交學費、宿費及其他費用。同時，若贊助人希望親自探訪他贊助的學生，亦可以安排在這時間與培苗行動的人員一同前往。其實，培苗行動高中生助學計劃希望贊助人與受助學生多直接溝通，一張節日問候卡或簡單兩句的鼓勵信；對這些學生來說，與給予他們的經濟援助同樣意義重大。

除了培苗行動，我相信在香港還有很多很多如同培苗這樣的組織，在默默地為國內貧困地區的學生提供援助，他們的工作也需要我們的關注。而幫助這些孩子，我們每一個人所需要做的一點一滴只是那麼的微小和簡單。想想，去年我們和我們的另一半兩個人收到香港特區政府給我們每人的 6 000 元，加起來便足夠

這些孩子三年上學的學費、宿費和雜費。

　　想想，對於很多人來說，只要每年少喝兩三瓶好酒或少購買幾件名牌衣服，又或者我們的孩子延遲兩年後才換手機、不到歐洲改到東南亞旅遊，省下來的錢便足夠溫暖遠方一個來自農村或下崗工人家庭的孩子，讓他們在這人生關鍵的三年能像我們的孩子一樣，毋須因為家庭困難而承受着孩子們不應該需要承受的沮喪、焦慮和絕望。

　　在〈究竟是誰在洗誰的腦了？〉於《明報》刊出後明報讀者們的熱烈反應，令培苗的工作人員和義工受到很大的鼓舞、也非常感動。培苗行動的曹讓律師說到 9 月 10 日，培苗在青海和甘肅資助的四所中學還在等待贊助的成績優異貧困升高中生還剩下177 位。他們都是經挑選的成績優異貧困學生，我只希望培苗給他們燃點起的希望，不會因我們沒有盡我們最大的努力而熄滅。

（原文發表於 2012 年 9 月 18 日）

Somewhere somehow
somebody paid the price

　　不久前停辦了的《開放雜誌》總編輯好友金鐘先生在十多二十年前曾通過我當時是合夥人的律師行辦理買入一個物業。前一些時候他在整理自己的文件時發現當年可能沒有從律師行取回樓契，打電話向我查詢。

　　我已離開以前工作的律師行差不多十年，而且那律師行亦已與另一間律師行合併了。但無論怎樣，金鐘先生還是順利地取回他的樓契。金鐘先生是從湖南來香港 30 多年的知識分子，他心懷感激的對我說，從他取回忘記了十多二十年的樓契的事，使他親身體驗到香港法律與負責任的律師制度遠比內地的好。

　　是的，香港律師會對律師行有嚴格的監管，對律師行如何保存處理過的文件及紀錄有嚴格的規定，而且運作良好。但對我個人來說，也是從這方面的一些親身經歷，讓我覺得香港一些人，特別是年輕人，並沒有讚賞和珍惜我們的制度，反而蔓延的是那股只講權利、不講責任、不講代價的歪風。

　　我工作的律師行兩三年前代表客戶處理了大批出售車位的樓契工作。完成了買賣，交收完畢，樓契交回買家或按揭銀行後，

律師行都會把相關檔案封存,按律師會規定存倉 15 年後才可銷毀。我工作的律師行存倉的封存舊檔都會交由專業的倉存公司存倉。其實,負責任的律師行每年都需要為封存舊檔存倉支付可觀的費用。

因為客戶售出的車位,價錢不高,把車位按揭給銀行的很少,一般都是全付樓款取回樓契的。過去兩年,不時有一些買家怒氣衝衝的打電話給我工作的律師行,開口便先指摘說律師行犯了錯失,為他們處理購入車位時沒有把樓契交回給他們。

面對這些查詢,我們標準處理方式是先查電腦紀錄,證實檔案已經存倉後,便會對這些怒氣衝衝的買家說我們處理的買賣已經完成完結,若買家要額外服務翻查舊檔,我們要求買家先付律師行到倉庫提取存倉檔案的提存費,並且表明若從倉庫取回的存倉檔案證實律師行犯錯沒有把樓契交回買家,那提存費會退回給買家,律師行還承擔責任。但若檔案顯示樓契已由買家取去,那麼買家付的提存費便不會退回。

個別買家聽了要付提取存倉檔案提存費便破口大罵,說一些難聽的說話;甚而更有毫無道理的離譜地說為甚麼沒有他同意,律師行把涉及他的買賣的檔案存倉。

處理這些查詢買家的經驗顯示,大多數以怒氣衝衝說律師行犯錯的買家聽了要收存倉檔案提存費後,便說自己回家再找。在我們處理的查詢中,除了一位外,其他的都沒有回來再跟進。回來跟進要查舊檔的那位買家,也證實樓契已由他自己取去。

我大篇幅說這故事的目的,是要說明今天的香港,一些人只講自己的權利,從不想過要付出;發現有甚麼缺失,便先把責任

推向別人，不反視自己可能的錯失。同時也只知要求別人提供不需付出代價的額外服務。當知道這世界沒有免費午餐時，便破口大罵。

香港的一些人，真的病了。患了凡事不會先反躬自省，第一時間把責任錯失一概推給別人，只講權利、不講責任，也不準備為自己對別人提出的要求付出代價的重病。

又講講另一個我自己的故事。

1992 年許冠傑第一次退休的告別演唱會在紅館舉行了破紀錄的場數。那時我們還年輕，我們那一代人都喜歡許冠傑，我的太太更是標準的許冠傑迷。我陪我的太太看了兩場許冠傑的告別演唱會。我的一位朋友與當時辦演唱會的林建名先生熟絡，告別演唱會的最後一場，我的太太問我，有沒有辦法拿到門票。

我問我的朋友。我的朋友遲疑了一會，然後打電話告訴我給我弄了一張門票，說我可以在最後一場那天晚上開場前在紅館門外由他的秘書把門票交給我。

最後一場告別演唱會那天晚上，我陪同我太太到紅館門外。我的朋友的秘書拿着 6 張門票到來，把其中一張交給了我的太太。

最後一場告別演唱會很晚才完結，我接我太太回家。在車上，我的太太對我說，我朋友的秘書有 6 張門票，其實可以多給一張我們，那我們倆便可以一同看了。

我告訴我的太太，你沒有留意我朋友的秘書臉上的表情是多麼的不快嗎？

歡天喜地的小秘書本來準備與 5 個朋友一同去看演唱會，老

闊一句話，便只能和 4 個朋友去，讓一個朋友失望了，讓自己也十分無奈和失望。

我的朋友說有一張門票給我時，沒有說是已經給了他的秘書的門票。事後，我和我太太也為這感到十分不好意思。

過去 20 多年，這故事一直在提醒告訴我，我們享有的任何權利、得到的任何好處，均是因為 somewhere somehow somebody paid the price。

我們這社會的問題便是：在大多數時間，我們在享有某些權利、得到某些好處時並沒有察覺，也很多時候不懂得反思反省，從而感恩總有一些人、在某處、以某一種方式已經為我們這些權利、這些好處付出了代價。

我們這個人們大多數時間都在只講權利、少講責任的社會，也着實是有太多享有這些權利、得到這些好處的人從不察覺：自己也應該時刻準備自己要成為那個為了成就別人的權利和好處而在某一天、在某一個地方、以某一種方式付出代價的那個人。

（原文發表於 2015 年 7 月 15 日）

若國家放棄我們
香港不會有前途

　　6月上旬一次到寧夏回族自治區的考察，發現了一些較少人留意但正迅速發展的變化。觀察這些變化給我的啟示是，中國內地對有興趣在內地發展的人來說，不斷地提供了新的機會。

　　這次在寧夏的考察，到了其中一個有趣的地點是銀川市以南、土地面積比香港略大（1 295 平方公里）、人口只有 20 多萬的永寧縣。那裏正迅速發展成為中國重要的葡萄酒生產基地。

　　這要追溯到 2007 年，當時永寧縣政府計劃在南北全長 220 公里的賀蘭山脈永寧縣那一段山腳的戈壁灘上，種植白楊樹作造紙用途。但經過廣泛的土質及氣候調查，發現那一帶的土壤與氣候，甚而緯度也與法國波爾多地區差不多，只是年降雨量比波爾多略少。

　　調查結果促使永寧縣的領導改變想法，放棄種植白楊樹的計劃，把大片原來準備種植白楊樹的乾旱戈壁灘改為興建葡萄園，邀請葡萄種植與釀酒的商人到那裏投資。

　　自 2007 年到現在，永寧縣賀蘭山脈東側的戈壁灘上已建立了 23 家葡萄酒莊。我參觀了其中 3 家酒莊，酒莊的主人都告訴

我那地區的葡萄酒莊幾乎每一家均聘任法國的釀酒師，從參觀中也發現酒莊都採用波爾多的標準，連釀酒用的橡木桶也是從法國進口以確保生產出來的葡萄酒的品質。永寧縣縣委書記錢克孝先生告訴我，他們打算把整個地區改造為重要的葡萄酒生產基地。

令我印象深刻的是我參觀的其中一家酒莊時遇上來自香港的陳先生。他在永寧縣開始要發展葡萄酒生產為重要產業時，一口氣向當地政府承包了 10 萬畝土地興建葡萄園。陳先生在承包的土地上已開設了他自己的酒莊。他說他準備在他承包的 10 萬畝土地上開辦 100 多個每個有 400 到 500 畝的葡萄園及配備釀酒設備的葡萄酒莊園，出售給對葡萄酒生產有興趣的投資者。目前陳先生那 10 萬畝土地的其中 5 萬畝已經種植了葡萄。看來，在不久的將來，愛好葡萄酒、希望擁有一個自己的葡萄酒莊園的中國富豪，再不用到法國或意大利去收購葡萄酒莊園了。

寧夏葡萄酒對大多數香港人來說可能是新生事物。但差不多每個香港市場都有售的寧夏菜心或銀川菜心對香港人特別是家庭主婦來說卻是絕不陌生。寧夏菜心也是在銀川市南的永寧縣土地肥沃的黃土高原上種植生產的。就如承包了 10 萬畝戈壁灘種植葡萄的陳先生一樣，承包了一大片肥沃的黃土高原土地種植菜心是另一個香港人。每天從寧夏以冷櫃火車把不施化肥種植的菜心運送到香港的街市出售。那是另一個香港人在內地抓緊機遇而成功的故事。

這次到這偏遠地區的考察給我的啟示是：只要我們願意深入內地專注發展自己喜愛或專長的事業，內地為香港人提供了很多很多的機會。皮膚黝黑愛好紅酒笑容燦爛的陳先生是一個很好的

例子，也如讓眼光遠大的另一個香港人可以往離香港 2 500 公里的地方進行無化肥種植菜心供應香港市場一樣，國內幅員廣闊、條件多樣，為願意到內地發展興趣或專長的人，提供了很多的選擇和機會。

不幸的是，目前在香港，特別在香港的年輕人中蔓延着的是一股近乎集體自戀式的本土傾向，很多很多的年輕人對內地的所有事物都報以一種懷疑與排擠的心態。難怪很少人留意內地除了大城市及發達地區外，偏遠地區也在急速發展，過程中其實可以為有志創業或發展自己愛好或專長的年輕人提供很多選擇和機會。

我問永寧縣的官員他們有沒有向香港推廣如無化肥種植的綠色產業。官員們的反應，與我在銀川接觸的企業家的回應一樣，使我吃驚。

他們說，他們已把注意力放在別處，不把香港作為重要考慮。如寧夏這樣的內陸地區，他們現在更注意的是向絲路經濟帶的國家推廣寧夏的投資機會，那也是回應和配合政府「一帶一路」的發展策略。

很多方面的跡象均顯示，香港已自滿得太久，沒有跟上國家的發展方向，沒有察覺靜悄悄地香港在內地官員及企業家眼中，已不再是吸引外資投資或合作的首選。加上近年本土主義的冒起和在年輕一代中蔓延，對內地的一切，從內地制度、政府、企業到內地人的處處敵視與排擠，加速了內地各階層對香港的疏離感。

最近亞洲電視台前大股東已故邱德根先生兒子邱達昌擬開辦

新電視台「新亞台」時說，新的電視台「不會對抗中國」時，竟然也會被本土派的公民黨議員毛孟靜批評為「不可思議」。似乎在鼓吹本土和與中國徹底隔離的本土派人士眼中，事事對抗中國才是正常，不對抗中國便變成不可思議的原罪。這是不折不扣的偏見和歪理。正正便是這種政客不斷向香港年輕人散播對中央政府以至民間，事事排擠的歪理思維，使很多年輕人自絕於國家，不但窒礙年輕人認識自己的國家，更把年輕人推向自困於香港，把自己的發展空間大大收窄。

香港回歸以來，國家一直支持香港的發展。香港的前途繫於香港的年輕人。年輕人應該明白，如果因為我們放棄國家而使國家放棄我們，香港是不會有前途的。

（原文發表於 2015 年 7 月 15 日）

從殖民統治到
特區時代的「識做」文化

　　特首梁振英先生的小女兒梁頌昕乘機到美國史丹福大學上學，在機場忘記帶手提行李進禁區，過程中特首梁振英剛巧致電向在機場的女兒告別，女兒提及遺漏行李，梁振英於是與航空公司職員進行過短暫電話通話，結果由航空公司職員為梁頌昕的手提行李代辦安檢帶進禁區，引發特首濫權與特權的質疑。

　　個別政客及政團指摘有關方面「特事特辦」為迎合特首而破壞機場安檢制度。立法會泛民議員亦把事件政治化，要求立法會動用特權法調查事件。

　　如果事件涉及違規，引起機場安檢漏洞，追究是必須的；但看到的卻是敵視梁振英的政客及政團為了立法會選舉臨近，便以一件簡單的航空公司職員「識做」事件借題發揮，鼓動支持者傾巢而出在機場示威，進行以攻擊特首及政府為手段的撈選票政治炒作。

　　特首辦已多次強調事件中特首並沒有以任何形式向機場或航空公司人員施壓，但最終梁頌昕遺漏在禁區外的行李仍有航空公司人員代檢代帶進禁區，很明顯整件事是有人「識做」把事件循

「方便第一家庭」的方向處理。

「識做」在香港官場、商界、政界、政府部門及各提供服務機構以至各領域，並不是陌生的現象。在香港社會，在某領域有地位的人，多多少少都會因他的地位的關係，一些人會對他「識做」而使這些有地位的人享有不同的好處、方便，甚而特權。地位愈崇高尊貴，獲「識做」的機會愈多。

「識做」的普遍存在會在社會造成不公平。因「識做」文化的普遍存在而使社會上的不公平現象延續下去的，不單是我們熟悉的大企業、商家和政府官員，還有政客。

那些在梁頌昕事件中聲色俱厲斥責得最響亮的尊貴立法會議員們，他們當中有誰敢站出來高聲向全香港市民說他們議員生涯當中從來沒有人對他們「識做」，他們敢高聲說他們從來沒有因為有人「識做」而使他們從政府官員、商家或任何服務提供者得到過普通市民享用不到的好處、方便和特權嗎？

別的不說，多年前我的小女兒流鼻血不止進了鄧肇堅醫院急症室，等了 3 個多小時還沒有醫生治理。我想問問那些聲色俱厲譴責別人行使特權的尊貴議員們：立法會傳召鐘聲響了，未到 15 分鐘時限早點進會議室等開會，他們也認為浪費了他們的寶貴時間，他們會自己在急症室等醫生 3 個多小時嗎？他們會陪他們的子女等 3 個多小時嗎？不會，因為一些「識做」的人不會讓這些尊貴議員和他們的子女等。尊貴的議員在政府醫院做手術會跟普通市民的隊需要排隊排上半年、一年嗎？不會，「識做」的人會為他們都安排好了。

遠的又暫不說，剛不久的網上新聞報導說，立法會內聲色俱

屬、大義凜然把特首痛罵的尊貴議員曾坐火車頭等沒有補票，被列車人員要求下車處理，聲色俱屬的尊貴議員對列車人員說自己是議員，辯稱說沒補票是要趕時間為市民服務。那正正是他們罵梁振英說「我是特首」的翻版。呸！沒有補票便沒有，補過票便完了，說甚麼「為市民服務」的廢話，難道又是要人家「識做」？這樣的行為又要不要立法會用特權法來成立調查委員會來調查調查？虛偽！

香港從來便不是一個人人平等的社會。虛偽的政客天天指摘不公平，他們便是社會不公平的特權得益者。他們每天的生活中有如普通市民般處處排隊、處處被拒的沮喪地生活過嗎？他們每天享用的服務中，有多少是服務提供者一點「識做」好處都沒有的？

「識做」是社會的普遍現象，對有身份地位的人來說，別人給面子或奉承而對自己「識做」，自己控制不了。聰明的當然應拒絕任何好處或方便；但更重要的是有身份地位足以令別人「識做」的人，自己要「識做」——永遠不要明示或暗示要別人「識做」。

「識做」這惡習，由來已久。

大學剛畢業時我在政府當了三年低級公務員。我常對人說三年殖民地政府低級公務員生涯的一些經驗，不但令我終生受用，而且以香港這樣曾經歷這樣獨特的政權和制度和平轉移環境下，殖民統治時代的公務員經歷，恒常可以作為與當世現狀的對比與反思的材料。

1981 年我在運輸署中環牌照部上班，其中一項職責是對持外國駕駛執照申請換領香港駕駛執照的申請人簽發香港駕駛執

照。一般申請遞進後核實時間大概需要一星期。有一天，我接到一名女士的電話，她說她是一位當時負責香港對外貿易最高級官員的秘書。這位多年前已故的高官的秘書對我說，高官的女兒從英國回來需要以英國駕駛執照換領香港駕駛執照，不能等一個星期，問我可不可以當天便處理好。

在那個即使是廉政公署成立了差不多十年的年代，這種殖民地高官對低級公務員要求「識做」的請求，仍然普遍不過，也極其赤裸裸。殖民統治時代的低級公務員，面對這種每天每星期都發生高官要求「識做」的請求，能怎樣？根本連上司也不用請示便處理掉了。

又舉另一個我在殖民統治時代運輸署中環牌照部面對過的例子。一天下午牌照部詢問處的女同事告訴我，一個極度刁難的南非女士不滿意申請要排隊輪候待處理而不能得到第一時間的即時服務，要求見她的上司。詢問處的同事把這名南非女士帶到我的辦公室。

一進來，這名南非女士便對我說："I want to see the most senior officer. I will only speak to the most senior officer."

我對她說："At the moment I am the most senior officer here."

她看了我一眼，知道我這類只會按本子辦事的低級公務員不可能滿足她的要求，便對我說："I want to see the most senior officer in your department."

我說："I am sorry. The Commissioner is not in this office." 那時運輸署的總部和運輸署長的辦公室在灣仔愛群大廈。

結果，這名南非女士跑到灣仔運輸署總部找了更高級的外籍

官員講她的要求。那個時代，外籍人士找外籍高官，甚麼事都好辦。那時代在香港呆過一些時間的外籍人士都明白這些道理。那時代，也只有外籍人士有這樣的特權。

事情的終結也如她離開我的辦公室時我所料的一樣，署裏的外籍高官很快便來了電話，問我可以怎樣幫忙這名女士。殖民統治時代的英籍高官比華人高官聰明，這名外籍高官沒有直接指點我該怎樣做和限時做好；但按殖民地政府內的潛規則，外籍高官開口問低級的，而且是華人的公務員可以怎樣幫忙，我的唯一選擇便是「識做」。

特區政府繼承了殖民地政府的政府架構。用今天的社會情況與標準去看殖民統治時代，無論今天制度上還有多少不公平的事情存在，客觀的事實是整體來說，今天的香港社會遠比殖民統治時代公平，也遠比殖民統治時代開放自由。今天的政府官員，基本上已沒有了殖民統治時代那種高官相互「識做」、外籍高官暗示華人官員「識做」、高級官員要求低級公務員「識做」的惡習。

這世界並沒有叫人懷緬的烏托邦，一切只是相對的。這世界沒有最公平的社會，只有更公平的社會；沒有最理想的制度，只有不斷變革改進的制度。不時膚淺無知地拿着殖民統治時代龍獅旗示威、幻想他們從來沒有經歷過的殖民統治時代是他們追求的烏托邦社會的年輕人，也許應該仔細的從不同角度將今天的社會現狀與殖民統治時代的社會狀況比較比較，從而作更深入的反思。

（原文發表於 2016 年 4 月 21 日）

以常人的厚道與包容
評價梁振英

對於我們那些在上世紀 60 年代至 70 年代甚至 80 年代成長的一批人來說，我們小的時候，父母、長輩及師長都會不時教導我們、囑咐我們或提醒我們做人要懂人情世故，對周邊的事、周邊的人要多一點設身處地、多一點了解、多一點包容，更重要的是要永遠心存厚道。

當今世界，大多數人特別是年輕人都慣於自我中心、以我為主，一些中學老師、大學講師教導學生，都只講自己應有的權利，不提自己的責任，甚而不提做人應有基本的態度。我們看到的是，人與人之間缺乏了了解、沒有了包容，「厚道」對大多數人來說似乎已是一個陌生的名詞。

特首梁振英先生早前宣佈因家庭原因不競逐連任特首。他在宣佈時強調作為爸爸及丈夫，他要在家庭與工作中作出選擇。他說：「對社會未來幾年的責任與家庭的責任之間，我必須作出一個負責任的選擇。」他說如果參選競逐連任，他的家人或會因選舉工程承受一些不能承受的壓力，因此他必須保護家人而作出了他的選擇。

在梁振英宣佈不再競逐連任前，曾被傳媒拍攝到他頻密出入沙田威爾斯親王醫院，探望正在那裏留醫的女兒梁齊昕。梁振英拒絕說明他女兒的情況，但建制派及親政府人士除對消息感意外之外，均對梁的決定表示尊重及理解。

只有幾年來一直以「反梁振英」為目標的民主派政客表示消息「大快人心」，甚而標榜梁棄選是泛民反梁的「階段性勝利」。而公民黨楊岳橋更慣性對特首所說每一件事猜疑，在棄選如此嚴肅重大的事情上，楊岳橋也表達對梁振英是否真的棄選表示最大的懷疑。

泛民政黨與政客對梁棄選的第一時間反應，貫徹了他們一貫鼓吹的對梁振英一個人的仇恨。民主黨新任主席胡志偉先生在月初當選主席後對媒體談民主黨工作時，便稱民主黨最重要的工作是「踢走梁振英」。一個政黨領袖，當選後公佈最重要的政綱，不是民生問題、不是經濟問題，甚而不是政治問題，而是要傾全黨之力去推倒一個人。我想環顧現今世界，只有香港才有這樣的畸形現象。

這種畸形現象也源於香港畸形的特首選舉制度。在只有1 200人投票的選舉中，別說如梁振英般只有689票當選，即使是有986票當選又能怎樣？這樣小圈子選出來的特首，對於來自任何一方對他的攻擊，他也是毫無還擊之力的。梁振英下台了，任何一個人上去，只要小圈子選舉的本質沒有改變，當選者的命運也不可能有改變。

回歸初期，建制與泛民政客，互相攻擊抹黑。泛民以「保皇」與「中資無限量資源支持」攻擊建制；建制以「勾結外國勢力、

收取不明來歷黑金」攻擊泛民，但均效果不彰。理由很簡單，建制也好、泛民也好，他們都有充分的選民基礎支持，怎樣相互攻擊也改變不了兩派堅實的羣眾基礎。

唯獨是孤家寡人、不能屬於任何政黨、沒有選票、任人魚肉的，便是小圈子選舉產生的特首。骨子裏反共、反中央政府，因而也反特區政府的一些泛民政客，看準了的便是特首缺乏選民認受性的致命先天性弱點。沒有民意授權的特首，是怠惰政客把社會出現一切問題的責任往他身上推的容易目標（easy target）。

幾年來對於別有用心的政客與反政府媒體，動員輿論以至民調工具來對梁振英的人格謀殺、鼓動社會對他的仇恨、滋擾他的家人，在輿論上梁振英是毫無還擊之力的，在制度上不容許有政治盟友的特首對這些攻擊只能獨力承受。

過去幾年，反共、反中央政府與反特區政府的力量，成功地動員了一些不懂世故與缺乏包容的年輕人對梁振英的仇恨。然而，在這過程中，香港市民失去的不單是被泛民否決了的一人一票選特首的機會；在這過程中，香港社會承受更大的傷害是反梁政客與媒體不斷在市民中，特別在年輕人中散播的仇恨與猜疑的種子。香港社會喪失了的是一直以來我們擁有的厚道與包容。

梁振英以家庭理由不再參選了，除泛民「大快人心」外，接着的便是一大堆是不是北京「亮紅燈」而梁振英以家庭理由為下台階的猜測。至今沒有一個政治人物有一點常人設身處地的良心，向梁振英關心問候「梁齊昕怎樣了？」網上、報章文章也沒有人深究梁振英所說的家庭理由，沒有人關心理會梁齊昕的病情，代之的是從歡呼到冷漠涼薄的猜測。我不知道我們這一代

兒時學來曾經多麼熟悉的香港人的厚道，在香港社會是否仍然存在。

對於那些反梁的政客來說，似乎他們的繼續存在必須倚賴對一個人的仇恨來支撐。今天，梁振英倒下去了，誰會是他們下一個仇恨的對象，好讓他們可以繼續不顧身份繼續當面呼喝責罵、拒見、掟杯、撒「溪錢」來表達和散播仇恨，以支持他們繼續存在的價值？泛民說「梁振英治下社會撕裂」，那些散播仇恨的政客正正便是撕裂社會的最大元兇。

我與梁振英先生認識整整 45 年。我在中五時認識梁振英，他是英皇書院高我一級的同學。大學畢業初出社會工作，上世紀80 年代初，不時在中環遇見他，他會熱情拉我一起吃早餐，甚麼都談。

梁振英是一個立場鮮明而清晰的人。1980 年代中，他加入了《基本法》諮詢委員會，受中方器重。1980 年代末，我加入了港同盟及後來的民主黨。1990 年代初末代港督彭定康來港推政改，被魯平批評為「千古罪人」，民主黨支持彭定康的政改方案。1990 年代中，與他沒有見面好幾年後，有一天與太太在天星碼頭遇見他，與他打招呼，主動把話題談到中英爭拗，也許他知道我的身份與立場，在那天他選擇冷漠的避而不談。他那一次的冷漠，與大學剛畢業後不時遇見他的情景完全兩樣，令我感受至深。

他便是那一類人，當需要立場鮮明時，他會令人感到距離，不會假惺惺地和稀泥，也許這便是他不討人喜歡，甚而不時令人覺得厭惡的原因。但在政治層面，那不可能是不共戴天地永遠對這個人仇恨的理由。但每當問仇恨他的人還有甚麼仇恨他的理由

時，沒有人可以具體地說出。

如一些評論說，他五年任期，泛民及支持泛民的媒體對他全方位人格謀殺及對他家人的滋擾；但公平地說，他確實是在泛民全方位封殺、拉布與阻撓的重重困難中，全心全力為香港做了一些有益的事，特別是糾正上屆政府房屋政策向大地產商傾斜的重大失誤、當機立斷實施「雙非孕婦零配額」，以至近期主動打擊港獨糾正個別議員把莊嚴宣誓小丑化、把「一國兩制」重回《基本法》下的正軌，便是明顯的例子。

當下香港，瀰漫着與文革時內地無異的因政見不同而產生的涼薄世態。評論梁振英的時候，我想，不如對這些所謂為香港爭取美好將來而散播仇恨的政客與媒體，我仍會心存一種舊一派人的包容與厚道。

不喜歡梁振英的人會繼續不喜歡他，但對他的評價不由仇恨他的政客與媒體說了算，歷史終究會給他一個公正的評價。

（原文發表於 2016 年 12 月 16 日）

政治語言與語言政治

上世紀 90 年代開始，台灣兩年一次的各種形式選舉，成了開始湧現的香港政團前往觀摩的盛事。

我第一次到台灣觀察選舉是在 1996 年，隨一個香港親台團體觀摩台灣總統大選。接着在 1998 年台北市長選舉，國民黨馬英九與民進黨陳水扁的對決，我跟隨香港民主黨創黨主席李柱銘率領的黨觀選團到台灣觀摩。

觀選團的行程包括拜訪國民黨和民進黨的競選總部。在拜訪民進黨競選總部時，我們被安頓在一個會議廳，首先出來接待我們的是負責民進黨國際事務的蕭美琴。蕭是中美混血兒，她出來時用英語向李柱銘作簡單介紹，然後再進入會議室後的房間，帶出當時民進黨秘書長邱義仁。

邱義仁出來，說過簡單歡迎詞後，劈頭第一句便用國語說：「既然你們是從中國那邊過來，那麼我們便用中國話談吧。」

由蕭美琴以英語開場，帶出邱義仁很簡單的一句，說用「中國話」與來自剛回歸中國一年多的香港的一個團體交談，便是用一整套預先編排好的政治語言，來表達一個叫大家都心裏明白的強烈政治訊息。

1996 年通過直選上台的台灣領導人李登輝提出「兩國論」，

正值民進黨最積極鼓吹台獨的時期。全方位與中國大陸切割，是那時候民進黨的主張。在台灣，用甚麼語言方言，也是政治。國民黨主要講國語，民進黨講閩南話和客家話，然後才是國語，那是語言上中國正統與立根本土的政治表述。

台灣不同的航空公司，機艙內向乘客的報告，有先說閩南話才說國語的，也有先說國語的，使用語言的先後，也反映了公司的政治取向。

香港人長期受殖民統治，習慣一切以英語為先，對這些語言政治上的動作，不太敏感。香港回歸前，新聞報導北京領導人消息時，都說「中國國家主席江澤民甚麼甚麼」、「中國國務院總理朱鎔基甚麼甚麼」；香港回歸中國後，新聞報導略去「中國」二字，只說「國家主席江澤民甚麼甚麼」、「國務院總理朱鎔基甚麼甚麼」。

其實這些簡單的用詞，對於清楚自己所屬國家的媒體來說，是清楚自然的。美國有線電視新聞網（CNN）不會說「美國國務院發言人說甚麼甚麼」，只會說「國務院發言人說甚麼甚麼」。只有在提及外國領導人、外國政府機構時，才會冠上外國的國家稱謂。殖民統治時代，大多數在香港的華人都不會留意新聞報導中對中國領導人、中國政府部門冠以「中國」二字在前的隱含意義。回歸後，開始慢慢明白了。

邱義仁說要與李柱銘用「中國話」來談，因為李柱銘率領的代表團來自「中國」。邱沒有說用「國語」或「普通話」，而是說用「中國話」來談，他希望表達台灣的地位，溢於言表。也許對他來說「國語」也好「普通話」也好，都是「中國話」，不屬於台灣的，

通過這種政治語言來表達他心目中的台灣政治地位，不言而喻。

　　邱義仁稱「中國」、「中國話」，那是對來自海峽對岸民眾的一種「我非中國」的表態；那是不認同自己同屬中國的用詞。但相比起更早以前、國共水火不容的對立時期，邱所說的「中國」、「中國話」的稱呼至少是禮貌和沒有敵意的。上世紀 70 年代台灣報紙一律跟隨國民黨稱對岸為「中共」，那時期台灣一些研究中國大陸狀況的學術雜誌，內容非常嚴肅認真，但文獻一提及對岸政府時便一律稱為「共匪」，充滿敵意。

　　我的父親受國民黨教育，上世紀 60 到 70 年代，我從小學到中學每天都看他買由國民黨何世禮將軍任董事長的香港《工商日報》。那年代，香港《工商日報》在新聞中從來不用「中國」二字，只有「中共」二字。那是國共敵對時期國民黨對中國共產黨政權的稱呼，傳聞說何世禮將軍便是因為 1984 年中英簽署《聯合聲明》，英國決定把香港主權交回中國後，便在同年決定停辦《工商日報》。

　　「中共」二字是中國共產黨的簡稱，只有中國共產黨和國民黨才會用「中共」這名詞。國民黨在退守台灣後、國共兩黨劍拔弩張時，稱對岸政府一切為「中共」，帶有敵意和貶意；到今天，即使兩岸關係緩和，習慣了的稱呼，仍會不時出現，那已是擺脫不了的習慣。中國共產黨也自稱「中共」，但使用這詞彙時必然接着中國共產黨的某組織，例如「中共中央甚麼甚麼辦公廳」、「中共某某省委書記」等，而絕不會單用「中共」二字來稱呼中國共產黨或中國政府。

　　香港特首梁振英在施政報告中，開宗釋義提出警惕香港大學

學生會報刊《學苑》，過去一年多來鼓吹「港獨」的主張。《學苑》好幾期提出港獨論述的文章便是用帶有敵意的「中共」二字來形容中國和中國政府。我不知道這些年輕學生，用有獨特歷史背景和意義的「中共」二字來形容香港的主權所屬國家，是故意表達敵意，抑或他們根本不知道這二字所隱含的敵對和敵意。

而令人費解的是，兩個身兼立法會議員的主要泛民主派政黨頭頭，面對電視鏡頭大談香港政改、人大常委會「8.31」決定時，也跟着那些少不更事、無職在身的大學生鸚鵡學舌，開口「中共」、閉口「中共」來稱呼自己所處的香港主權所屬國家。

沒有政治智慧的政客常見，沒有政治常識的政客也不少，但如香港那樣，那麼多因為言行上不懂尊重別人、又或故意在言行上敵視別人，連政治智慧和常識都喪失忘掉的，實在少有。作為中國的特別行政區，香港面對的是香港主權所屬國政府，不是一個政黨。那些以「中共」二字統稱中國政府、向中央政府喊話的泛民議員，究竟知不知道「中共」二字，是只有與中國共產黨爭奪國家政權，進行內戰的國民黨才會使用的帶有敵意的稱謂。

個別泛民政客敵視梁振英，梁振英還未上台已要求他下台。這兩年多以來，對一些政客和媒體來說，他們的政治便是圍繞着對一個人的仇恨在轉的語言政治，以侮辱性代號稱呼特首，「狼英」、「狼振英」、「689」、「路姆西」不絕於耳。這些泛民政客不斷的、積極熱衷的對梁振英人身攻擊和人格謀殺，對他提出的政策不斷拉後腿。創新科技局是梁振英極力希望成立的，泛民議員便誓要拉布把相關撥款拖垮。泛民立法會議員莫乃光便毫不諱言泛民議員是對人不對事，他也無法叫泛民不拉布。墮落如此，教

人如何可以繼續相信泛民議員種種行徑是為香港好？

　　無論一些泛民人士對梁振英有多大的仇恨、對中央政府有甚麼不滿，以人身攻擊、人格謀殺對待特首，能對特區政府施政有甚麼幫助？以敵對態度向中央政府喊話，能為香港政治帶來甚麼出路？繼續如此，他們只能永遠陷入在語言政治的死胡同、沉淪在政治語言中逞口舌之爭的快感，而不能在政治困局中為香港謀突破。

　　一個人可以沒有國家觀念，但沒有國家會容忍國民分裂國家，也不會容許國民鼓勵別人仇恨自己的國家，那不是言論自由的問題。就如法國巴黎《查理週刊》恐襲事件後，羅馬天主教教宗方濟便說言論自由是有限度的。就如他說不能用言論自由為辯解，去侮辱其他宗教信仰或鼓吹別人去侮辱其他人的宗教信仰。

　　事實上，在巴黎《查理週刊》遇襲事件後幾天內，法國當局便在全國各地以推崇恐怖主義或為恐怖主義辯解為理由拘捕了54 人。相對於《學苑》鼓吹港獨的言論，特首梁振英僅僅提出警惕而已。

　　在《學苑》發表文章宣揚港獨的前《學苑》副總編輯，公開承認他贊成港獨主張。香港不是台灣，用輿論工具宣揚港獨主張是嚴肅、嚴峻的議題。維護國家對香港的主權是「一國兩制」的前提，而「一國兩制」是香港人仍然享有各種自由包括言論自由的根本，是抵抗來自北方壓力，維護香港人的自由和生活方式的屏障。

　　鼓吹香港自決是意圖改變國家對香港的主權、摧毀「一國兩制」；若然香港社會包庇港獨主張，必然招來中央政府質疑香港

市民是否仍要「一國兩制」，為香港帶來災難。梁振英提出警惕港獨主張，完全沒有錯，與言論自由無關。泛民議員不能以「白色恐怖、以言入罪」的政治語言來含糊其辭，意圖在大是大非，是否仍然要「一國兩制」的根本問題上轉移視線。

對一些立法會議員來說，彷彿這些學生可以有鼓吹港獨歪理的言論自由，別人卻沒有面斥他們的歪理的言論自由。究竟他們心底裏是在維護言論自由還是在維護港獨？

甚麼時候開始，當年支持香港主權回歸中國的民主派，變成了今天對港獨主張含糊其詞？也許是時候提醒一些泛民立法會議員：他們在就任時宣誓的誓詞中說的是「效忠中華人民共和國香港特別行政區」。

不管他們是喜歡也好、是無奈也好，也不管他們玩語言政治如何出神入化，除非他們完全否定中國對香港的主權，否則他們別忘記，他們宣誓效忠對象完整稱謂的 14 字中，以哪 7 個字為先？

（原文發表於 2015 年 2 月 15 日）

中文承載的文化力量

全國人大委員長張德江先生不久前訪港時說不要搞亂香港，他說香港一旦亂了，大家一齊「埋單」。張委員長來到說廣東話的香港，當然也要找機會用用粵語用詞向香港人說話。

「埋單」是廣東話中的常用詞。但廣東話的「埋單」也通用為普通話用語之一，不同的是，在文字書寫上，內地人會把廣東話的「埋單」寫成「買單」。在粵語的「埋單」是指結賬的意思，一般用法是辦完了事，吃完了東西，把賬單上的數字結算「埋數」計算出總數來付款的意思。

內地改革開放之初，在與外隔絕 30 多年後，最先學習的對象便是香港，普通話的「買單」便是從廣東話引入的眾多粵語用詞之一。「埋」與「買」漢語拼音（mai）同音，「埋」字在普通話中不常用，說下來，便寫成了「買單」。

另一個普通話引入粵語用詞，因用字漢語拼音同音而用字改了的例子是粵語的「品味」，以普通話為母語的，便會寫成為「品位」，「品位」在改革開放後也成了普通話流行用詞。「品位」與「品味」漢語拼音（pin wei）同音，改革開放前人人平等沒分高低，改革開放後一些人先富起來，追求較高的「品味」。「品味」有高低，因而普通話用「品位」高低來衡量也非常貼切，有異曲

同工之妙。

普通話的「搞定」（gao ding）其實便是源自粵語的「搞掂」（gao dian）。普通話口語中不用「掂」字，因此，廣東話的「搞掂」便成了普通話的「搞定」。「搞」字在粵語中是非常有力的用字，粵語的「有冇搞錯？」成了普通話的「有沒有搞錯？」粵語的「亂搞」、張德江委員長說的「搞亂」香港也成了普通話用詞的一部分。

語言承載的是文化，語言本身也是動態不斷隨時代變化的，也是相互影響的。粵語在表達上是非常有效率、直接和有神韻的地方語言，因而很多粵語中很具神韻的用詞，隨着改革開放初期在內地廣泛流行的香港粵語片、粵語流行歌而被引入為普通話的用詞。例如廣東話把有精神錯亂或行為不合常理的人用兩個字簡單的稱為「黐線」，非常簡單而有神韻，於是說普通話的人也說「痴線」了。

有人說中國歷史上凝聚中華民族最大貢獻的，第一是秦始皇「書同文」，統一了中國人書寫的文字；第二是共產黨執政下的中國推行普通話，在全中國普及漢語，統一了中國人的口語。

當然，在過去超過半個世紀的推行普通話普及漢語過程中，引致了一些方言的消失或式微，帶動的是地方民俗的消失或式微，令一些人感到可惜，甚而抗拒。例如上海早已不容許純以上海話廣播的電台和電視台。廣東仍然有純粵語的電視和電台頻道，但在廣州的廣東人已感到粵語使用的空間已有越來越收窄的威脅，因而不時有一些要求強化粵語方言傳統與傳承的呼聲。在香港，大量的內地訪客和普通話比前更普及使用，也叫一些本土主義的年輕人產生抗拒。

香港回歸中國前，香港有很多中文用詞翻譯自英語。「的士」、「巴士」便是源自英語。改革開放前，內地沒有「的士」，只有「小車」。1984 年我隨一個客戶到西安，與當地一個單位商討引入 150 輛日本車為「的士」，那時合同上寫的仍然是「計程小車」。但今天，源自英文從香港引入的「的士」一詞已成了中文的一部分，「打的」、「中巴」、「大巴」已成了每一個中國人每天用的用語。

　　雖然國內民間用語，大量地受外來語影響，豐富了詞彙，也擴闊了內地人的文化視野與思考角度。但在政府層面，似乎仍然我行我素，不隨時代改變，甚而不尊重現實。

　　可能是因為有香港這殖民統治地區的關係，在西方國家中，英國是長時間以來唯一一個重視政府官員中文名字正名的西方國家。因而每一位重要英國政府官員，英國政府均會通過官方渠道公佈他 / 她的中文名字。這些名字都是中國化的中文名，而不是英文拼音翻譯。

　　但我留意到，從香港殖民統治時代到現在，除了現任首相卡梅倫不選中國化名字及香港末代港督彭定康的官方中國化名字，中國政府為便於與他爭吵而採用外，中國官方從來不理會、不採用英國官方正式公佈的英國重要官員的中國化中文名字，而只按中國政府上世紀 50 年代便有的做法：通過新華社譯名室以拼音翻譯的名字，作為中國官方對這些英國重要官員的中文稱謂。台灣的媒體和官方也是另行音譯，與英國官方不同，也大致與北京一致。

　　因此英國鐵娘子（已故前首相）Margaret Thatcher，英國官

方發佈的中文名字為「戴卓爾夫人」，但到了中國變成了「瑪格麗特·撒切爾」。她的繼任人 John Major「馬卓安」變成了「約翰·梅杰」。香港回歸中國時的首相 Tony Blair「貝理雅」變成了「托尼·布萊爾」。接着的 Gordon Brown「白高敦」變成了「戈登·布朗」。

同樣的，英外交大臣 Philip Hammond「夏文達」變成了「菲利浦·哈蒙德」。2015 年 5 月下台的首席大臣 William Hague「夏偉林」變成了「威廉·黑格」。

這現象看來真的有點滑稽，英國官員努力改一個中國化的中文名在中國使用，方便咱們中國人；中國官方卻強給他一個由官方新華社譯名室拼音，翻譯的不倫不類、英國人固然看不懂、華人也覺難讀的拼音翻譯名字。

中國官方強把超過半世紀前定下由新華社譯名室拼音翻譯的名字，強行加於已為自己起了中文名的外國政要的做法，實在是橫蠻、自我中心和僵化過時，也是對別人的不尊重。很簡單，如果某一個國家把中國領導人的外文名字不按中國官方寫法以漢語拼音表達，而以台灣常用的拼音串法表達，中國政府會有甚麼反應？那極可能變成外交風波。

不按官方公佈中文名字只能有的原因是沿用已久、約定俗成。如北京大學叫 Peking University 而不叫 Beijing University；清華大學叫 Tsing Hua University 而不叫 Qinghua University。那是因為兩間大學的英文名字早在漢語拼音出現前已用了幾十年。美國總統奧巴馬在參選時他的中文名字已廣為人知。當選後美國官方公佈總統的官方中文譯名為「歐巴馬」。但由於「奧巴馬」已

在華人社會中廣泛使用，因此約定俗成，「奧巴馬」這中文名字便一直用下去。

新任英國首相 Theresa May 官方公佈的中文名字是「文翠珊」，內地媒體稱為「特蕾莎·梅」。也許，是時候中國官方應該開始考慮使用外國官方為自己政要和官員起的中文名字了。

香港人洋化很早，一直以來很多香港人都會為自己的名字加上一個洋名，那是超過一個半世紀西方文化強勢的象徵。今天，愈來愈多外國人學習中國歷史語言和文化、為自己起中文名，多多少少也反映了中華文化與中文地位的提升。

據非官方估計，現時全球大約有一億外國人在學中文。在國內留學的外國學生、經商或工作的外國人差不多每一個都給自己起一個中國化的名字，努力地學習中文和中國文化，中文地位及普及程度今非昔比，中華文化也在超過一個半世紀以來第一次展示她的魅力。

任何一種語言，除了承載着一種文化，背後也包涵着一種思維方式。語言表達了思想，語言的使用方式影響了思維方式。20 世紀著名英國作家 George Orwell 在他的經典名著《一九八四》(*Nineteen Eighty-four*) 中便生動地說明，語言用詞可以改變一個人的思維方式。

有一位居住內地中文名字叫金小魚的法國籍英美混血兒，在內地是一位近年已開始出現的多位外籍碧眼金髮的華語歌星之一，她也是一位著名的電視節目主持人。她年僅 30 歲，在法國出生長大，在美國哥倫比亞大學畢業，熟悉中國文化，說得一口比很多很多中國人還要標準流利的普通話。金小魚說來中國前她

與沒有結婚而且分居了的父母和妹妹的關係疏離，她說是來了中國，中國文化包括中國人語言上的含蓄和中國人對家庭關係的重視，治癒了他與父母和妹妹疏離的心靈。

在這當今西方社會紛亂不息的年代，很多有機會接觸到中國文化的外國人，都會有如同金小魚的看法，嘗試在中國具有 5 000 年歷史的傳統文化中尋找智慧與啟迪。香港的中國人，特別是年輕人實在沒有必要妄自菲薄，處處否定自己民族、歷史與文化上的根，而不學習、不嘗試了解自身的文化。

在超過一個半世紀被視為優越的西方文化與思潮，正正因優越帶來的傲慢，使西方文化與思潮在當代面對眾多前所未有的問題。作為中國人，只有對自己充滿智慧也滿載了渣滓的傳統文化有充分的了解，才可以在這仍然以西方文化為主導的世界，更客觀反省檢視自己應走的路，走那條既非排外也非崇外的現代中國人的路。

（原文發表於 2016 年 7 月 24 日）

李靈的故事

2011 年 11 月我參加了一個在河南鄭州舉行的研討會。那天早上，我稍遲了進會場，會場內較前的座位都坐滿了人，我只能坐在較後與一些媒體記者一起的座位。坐下不久，一個年紀差不多 30 歲衣裝樸實的女士進場，坐在我旁邊。

如同很多國內舉行的研討會一樣，很多參與者來到都是為了參與開幕式拍拍照，完了早上第一節小休的時候便離去。

小休的時候，我留意到坐在我旁邊那位女士在收集已離場與會者留下研討會派發的筆記本和鉛筆。我感到很奇怪，問坐在旁邊的媒體記者。那些記者告訴我：「你不認識她嗎？她是 2010 年十大感動中國人物之一，被稱為中國最美校長的李靈。」

在 2009 年夏天，河南鄭州市一位當地報紙的記者，發現一位年輕女士踏着三輪車，在烈日和暴雨中走遍鄭州市的大街小巷收集用過的舊書籍。好奇心帶領這位記者發掘了這位年輕女士的故事。

當年只有 27 歲的李靈來自鄭州東南 200 公里外周口市的一個小村落。李靈的父親是一個退休教師，為了不希望父母都在外省打工的「留守兒童」失學或每天要走 14 公里的路到政府辦的小學上學，便用了畢生的積蓄來開辦一所主要為「留守兒童」開設

的小學，讓李靈當小學的校長，扛起照顧幾百個父母都不在家的孩子的責任。地方政府當時對這些民辦學校只有每年每一個學生168 元的資助。為了讓學校能成立一個屬於孩子的書庫，2009年夏天李靈便跑到比較富裕的鄭州市烈日和暴雨下踏着三輪車走遍大街小巷收集人們用過不要的舊書籍和舊課本。

李靈的故事被報導後，輾轉通過網絡流傳全國。中央電視台選了李靈為 2010 年十大感動中國人物之一。媒體稱李靈為「中國最美的校長」。

李靈告訴我她知道研討會會有一位來自香港曾經捐款給她學校的香港講者，那天她早上 4 時便起來趕車，9 點多才來到鄭州市，為的便是要親身道謝這位來自香港捐款給她學校的香港人。她收集別人棄而不用的筆記本和鉛筆帶回學校給學校的學生。

在中國，像李靈這樣的故事很多很多。中國公民社會的興起，不是近幾年的事，是二三十年來一直在慢慢地發展的事。在香港的我們，都在忙於我們日常很物質的金錢遊戲，或者熱衷於媒體側重放大報導的內地負面消息，而沒有留意在香港的北方，一個鼓吹仁愛與關懷的公民社會正在慢慢地形成。中國的大，使我們沒有掌握和感覺中國公民社會強而有力地跳動的脈搏。

香港人對中國認知的往往是被西方與本地主流媒體牽引，把中國的問題和錯失無限量地放大，而忽視一點一滴到處出現，無數人在努力塑造和構建以理性與人之常情為主導已具雛形的公民社會。經過幾十年把中國人弄得一窮二白的集體主義和 20 多年金錢至上使人迷失的經濟高速發展後，大多數人都脫貧後近年逐步形成的公民社會是無論如何專制的政府均沒有能力遏止的改

變。忽略了這一點，成為了很多香港人，特別是大多數拒絕認識內地的新一代年輕香港人對內地認識上的盲點，除了媒體日復一日無限放大的負面政治新聞外，沒有留意公民社會迫使專權政府改變所發揮的力量。

政客每天在散播仇共、反共和恐共的情緒。我是民主黨人，在過去 20 多年來我自由進出中國內地，我想我比絕大多數民主黨人或泛民的人對中國有更深厚的認識。20 多年來接觸到的，從共產黨官員、紅色資本家、民營企業家、專業人士到最基層的老百姓，即使是共產黨，我感到的是他們都誠實地希望中國進步；基於理性與人性的批評，他們是樂於接受的。在我接觸的人中，他們對我當他們面批評共產黨也沒甚麼大不了，我從來沒有感受到泛民人士所說的壓力。

文化大革命的時候，在全國串連造反、叫着空口號的年輕人，便是鐵板一塊地只有狂熱的集體黨性理想，缺乏了理性獨立思考的人性。社會的進步需要的卻是思想獨立的人性。

中國的進步是緩慢的，從廣東烏坎反徵地到茂名市反石化廠、羅定市反水泥廠、河源市反焚化爐，全國各地反對官商勾結徵地與污染環境的羣眾運動，人性主導的公民社會在務實地與沒有了理想只有黨性的官員在抗衡，以最大的耐性在默默地影響和改變黨性的官員。反觀在香港，一些缺乏耐性與並不真誠希望中國進步的政客，卻營私結黨捆綁以明知是短期沒法達至的政治理想壓制理性，以不切實際的偏見和空泛的口號捆綁自己，並且捆綁全香港的人登上一列沒有前途的列車。

香港是中國的一個特別行政區，我們都熱愛民主自由。但我

們喜歡也好、不喜歡也好，改變不了的是，中國是身在香港的中國人的國家。承認和接受了這一點，便應該以積極的態度看待中國進步和中國的錯失。任何國家都會有負面新聞。頻頻出現美國白人警員打死黑人青年的事，不會使我們把美國批評為種族主義國家。我們可以對美國的負面新聞客觀看為獨立事件，我們有以同樣客觀的態度來看出現在中國的負面新聞嗎？對，中國有劉曉波、有高瑜；但除了他們，我們對如李靈女士這樣令人感動每年每月每天都在遼闊的中國發生着的事有留意過嗎？遺憾的是香港很多人對中國的進步閉口不提，每天在以中國發生的負面新聞向年輕人灌輸以偏概全的偏見，否定中國的一切。

我們絕對應該批評中國的錯失，但除非是港獨，我看不出為甚麼我們對中國要堅持偏見去否定中國的一切。偏見帶領我們要否定、放棄的不僅是一個政府，而是一個有 13 億人口的國家、一個我們都有份的國家。

我不知道今天李靈的學校怎樣了。但我不會悲觀，也沒有理由悲觀。因為在中國，政治上的改變會是漫長的歷程，我們更應關注支持的，是更多更多在不斷發展的公民社會中急速湧現如李靈和李靈的父親那樣的有心人。他們才是一點一滴緩慢地改變中國社會，從而改變政府的中堅力量。

（原文發表於 2015 年 5 月 19 日）

維護國家安全是公民責任

　　最近人大常委會公佈了《中華人民共和國國家安全法 (草案二次審議稿)》。草案第十一條所說「維護國家主權、統一和領土完整是包括港澳同胞和台灣同胞在內全體中國人民的共同義務」和第三十六條所說的「香港特別行政區、澳門特別行政區應當履行維護國家安全的責任」，引起了香港各界的關注。

　　一些在華的外國律師和很多研究中國法律的外國學者都說，中國的應用法規平均每四年便會全面修訂 (overhaul) 一次，而根據研究中國法律的外國學者的觀點，中國法規修訂頻繁的原因，除了是因為經濟與社會的高速變遷而必須有相關的法律配合外，更重要的基本原因是中國幾千年來一直沒有建立完整的法治制度，但卻有一個成熟的行政管理體系。法治依賴穩定的法律原則，行政管理規章卻需要不斷更新來符合對社會治理的需求。

　　雖然中國是一個龐大的行政管理體系，法律法規的作用是便利官員在各領域、各地域執行行政管理；但說到底涉及國家的基本價值、政治制度與根本理念的法律，會被視為基本法律，不輕易修改。例如 1986 年通過的《民法通則》作為調整公民關係的基本法規便沒有全面修訂過，也如立國後最早在 1950 年通過的《婚姻法》也經過 30 年在 1980 年才全面修訂，重新訂立 1980 年的

《婚姻法》。經過十多年認真討論八年前通過的《物權法》是屬於規範財產制度的基本法律，也不會輕易修改。

中國現行的《國家安全法》在 1993 年通過執行。現行的《國家安全法》第四條只列明了五項為危害國家安全的行為：

(一)　陰謀顛覆政府，分裂國家，推翻社會主義制度的；

(二)　參加間諜組織或者接受間諜組織及其代理人的任務的；

(三)　竊取、刺探、收買、非法提供國家秘密的；

(四)　策動、勾引、收買國家工作人員叛變的；

(五)　進行危害國家安全的其他破壞活動的。

《國家安全法》第四條的第五點所說的「其他破壞活動」，由訂立《國家安全法》的第二年即 1994 年頒佈的《國家安全法實施細則》第八條加以說明，很明顯的反映了剛出現的法輪功與達賴喇嘛因素，即：

(一)　組織、策劃或者實施危害國家安全的恐怖活動的；

(二)　捏造、歪曲事實，發表、散佈文字或者言論，或者製作、傳播音像製品，危害國家安全的；

(三)　利用設立社會團體或者企業事業組織，進行危害國家安全活動的；

(四)　利用宗教進行危害國家安全活動的；

(五)　製造民族糾紛，煽動民族分裂，危害國家安全的；

(六)　境外個人違反有關規定，不聽勸阻，擅自會見境內有危害國家安全行為或者有危害國家安全行為重大嫌疑的人員的。

如果了解到現行《國家安全法》通過時的背景，便不難理解為甚麼所謂國家安全的條文均是集中在對政權的保護。

最近頒佈的《草案二次審議稿》共 82 條，比現行《國家安全法》的 34 條為詳盡，而且涵蓋面也比現行《國家安全法》為廣。涵蓋範圍除了包括維護國家政權、主權和領土完整，也大幅將下列各項納入了國家安全的範疇：

（一）維護國家基本經濟制度和社會主義市場經濟秩序（第十七條）；

（二）防範系統性、區域性金融風險，防範和抵禦國際金融風險的衝擊（第十八條）；

（三）糧食安全保障體系（第十九條）；

（四）社會主義核心價值觀、意識形態領域主導權（第二十條）；

（五）民族分裂活動（第二十一條）；

（六）利用宗教進行違法犯罪活動、境外勢力干涉境內宗教事務、邪教組織違法犯罪活動（第二十二條）；

（七）恐怖主義、暴力恐怖活動（第二十三條）；

（八）網路與資訊安全（第二十六條）；

（九）生態環境保護（第二十七條）；

（十）戰略物資儲備（第二十八條）；

（十一）核安全（第二十九條）；

（十二）影響國家安全和社會穩定的突發事件（第二十四條）。

現行《國家安全法》是一部可以操作追究違法責任的法規，有專門一章共十條詳列違法的法律責任，同時也以附則形式，列

出適用的刑法條文對違反《國家安全法》進行追究。

　　從《草案二次審議稿》的廣闊涵蓋面和沒有違法罰則條文來看，新的國家安全法將會是定下詳盡基本原則和劃定範疇的基本法律，本身不具可操作性。就如《基本法》諮詢委員會副主任梁愛詩女士說，執行新的國家安全法追究法律責任的相關法律條文，仍須相應的法規落實，例如核安全的歸核能使用的相關部門法規追究違法責任、生態環境的歸環境保護的相關部門法規處理。從這個角度來看，新的國家安全法是名副其實的基本法規，規定基本原則與涵蓋範疇，本身並詳列追究違法責任的可操作性條文。

　　也因如此，《草案二次審議稿》第十一條所述港澳同胞和台灣同胞有維護國家主權、統一和領土完整的義務，目前而言，並沒有可操作性追究違反該條文的法律條文。反過來說，《草案二次審議稿》第三十六條所述的「香港特別行政區、澳門特別行政區應當履行維護國家安全的責任」會有比較大的操作性。因為根據《基本法》第十三條，香港特別行政區處理對外事務是在中央授權下處理，理論上說，若某些對外事務中央政府認定為國家安全範疇，中央政府便可以依據《基本法》和《國家安全法》要求香港特別行政區，執行維護國家安全的指令。

　　其實，維護國家安全，對任何國家的公民來說，都是天經地義的。「一國兩制」不能是抵制執行國家安全法律的理由。倒過來說，香港的問題是香港有很多的永久居民並不是「香港同胞」，也有不少人不視自己為屬於中國公民的「香港同胞」。外國人對維護中國國家安全沒有責任，這是可以理解的；但同屬中國公民

的「香港同胞」抗拒維護國家安全是毫無道理的。聲稱恐懼北京利用國家安全法鉗制港人各項自由均是沒有根據的猜度。事實是，即使現行《國家安全法》的第二十三條，已賦予內地執法部門足夠權力對境外機構、組織及個人進行危害國家安全行為的追究刑事責任。但過去內地政府從沒有對香港同胞執行過這一條。《草案二次審議稿》也沒有擴大這方面的權力。

然而，值得注意的是《草案二次審議稿》廣泛涵蓋的國家安全範疇的相關違反規定罰則，雖然要以不同範疇的相關部門法律落實，但這些相關部門法律內的違反規定的罰則，如果是提升到國家安全的高度時會不會有不同的標準，才是需要關注的。如何界定、誰去界定這些違反部門法律規定的行為，屬於危害國家安全行為層次，更是需要關注的。

同時，《草案二次審議稿》第八十一條表明對不履行維護國家安全義務及從事危害國家安全活動的依法追究責任。內地對一些法律上規定的公民義務如子女供養父母的義務等由來已久，對違反這類義務追究法律責任也完全接受。但對香港人來說，對不履行法律上所述的義務進行刑事追究並不是屬普通法地區的香港所熟悉的法律規定。更重要的是，維護國家安全的義務是比較虛的一個說法，究竟怎樣才算沒有履行維護國家安全的義務？由誰去評定？才是值得留意的。

由於《草案二次審議稿》大大擴大了國家安全的範疇，新的國家安全法有甚麼機制和準則將一些屬於普通犯法的違反部門規章提升為危害國家安全的高度？是公眾需要關注的要點。

（原文發表於 2015 年 6 月 7 日）

中國共產政權的合理性
來自它取得的成就

　　早前中國共產黨第十九屆黨代表大會在北京召開，舉世矚目，吸引了幾百名中外記者採訪。

　　一個國家的執政黨的黨代表大會能吸引幾百名中外記者採訪，在世界上極為罕有。為甚麼十九大會那麼舉世矚目？原因有兩個。第一，中國共產黨是世界上最大發展中國家和世界第二經濟體的執政黨，這執政黨為這世界上最大發展中國家如何籌劃未來五年路向，對世界必然產生重大影響。而更重要的是第二點，中國共產黨是中國憲法規定作為長期執政的執政黨，共產黨為中國選擇的發展道路、管治國家的理念與政策必然對中國，甚至世界產生深遠影響。

　　事實上自從現任中共總書記習近平在十八大上台以來，中國在這五年來確實在各領域取得了舉世矚目的成就，也因此而逐步鞏固了共產黨提出的所謂「四個自信」：道路自信、理論自信、制度自信和文化自信。

　　香港一些年輕人缺乏對中國的認識，加上他們中絕大多數沒有接受正規中國歷史與國情教育，盲目從氾濫的西方思潮中接受

以西方為本位非黑即白二元對立思維，也墮入了這種二元思維陷阱。而這些接受了西方二元對立思維灌輸的年輕人相信民主，因而他們也被灌輸一種「不民主政權必然邪惡，也必然迅速敗亡」的說法。

遠的不說，公民黨陳家洛先生在 2015 年初時便曾有過「有無想過有天早上醒來，五星紅旗升不起」的主觀願望假設；佔中發起人之一的陳健民先生也預言「中國十年間必有大變」。這些「假設」與「預言」，鼓舞了思想走向偏激的一些年輕人走上鼓吹港獨的歪路。港大法律系副教授、佔中發起人戴耀廷先生，在他的文章中甚至以這樣的歪理暗示與鼓勵年輕人：「若中共崩潰，中國主權陷入混亂，如得到國際社會支持，香港走向獨立這出口就變得有可能，封閉獨立出口的路障就有可能被衝破。」(2016年 5 月 3 日《蘋果日報》〈走進歷史迴旋處的香港〉)

要全面認識今天的中國，必須跳出西方二元對立非黑即白的思維陷阱，也必須從更宏觀歷史角度，看過去一個世紀中國的發展與變革。

解放軍中的政治理論家、曾任中國國防大學戰略研究所所長的金一南少將，是一位出色演說家。他的演講都離不開宣揚中共領導中國的合理性。姑勿論我們是否同意金一南少將的觀點，但很多時他在不同場合演講中，均講述同一個我們都認知的歷史事實，那便是 19 世紀末大清政府無能，中國面臨被西方列強瓜分。1900 年八國聯軍從天津登岸，只用了十天時間攻陷北京。

遺下不多的歷史圖片顯示的是那個時代，八國聯軍從天津操進北京，為聯軍後勤輜重推小車的是我們中國人。到達北京，北

京城城高池深攻不進去，為八國聯軍填平壕溝、綁梯子、扶梯子的是我們中國人，收了錢在城牆上為聯軍瞭望的，也是我們中國人；普通老百姓揣着手站在兩邊麻木地觀看。

那是令每一個中國人扼腕長嘆的歷史畫面，那個時代的中國竟衰落到這樣的程度。但事實上那個時候有中國嗎？那個時代對神州大地的老百姓來說，洋人與皇帝打仗與我何干？洋人來了和朝廷打仗，打贏了，咱們老百姓不用再納糧給朝廷，改為納糧給洋人，都一樣，沒有分別。

那個時代四億中國人就如孫中山先生所說，只是一盤散沙。揣着手麻木地觀看洋人在北京皇宮搶掠的老百姓，就如 2 000 年來帝王治下的老百姓一樣，他們心中只有不斷改朝換代的朝廷，沒有恆久不變的國家。那時代的中國人哪有國家觀念？哪有民族觀念？

孫中山先生領導的資產階級革命，喚醒了城市知識分子和有識之士的國家民族觀念；但喚醒佔中國人口超過九成的農民的國家民族觀念，是在中國農村發展壯大起來的中國共產黨。

中國共產黨通過武裝鬥爭奪取了政權，建立了現代意義的國家和讓共產黨長期執政的政治體制，我們接受也好不接受也好，那是可見將來不會改變的現實。中國人面對的事實是中國的榮衰、中國人的幸福已被綁上了與中共興衰有着密不可分的關係。中共若能在受監察下為中國提供良治，那是中國人之福。

毫無疑問，共產中國成立的前 30 年犯過不少錯誤，部分甚至是無法彌補的。但自中國改革開放開始後，鄧小平先生摸着石頭過河至今，撇開政治理念不談，從國家民族立場來看，中共在

過去 40 多年不同階段為中國所作的選擇，基本上沒有犯過重大錯誤。非民主的共產政權很清楚它的合理性，只能來自它為國家與人民取得的成就，這些成就也是它的合理性的唯一依據。

香港一些人盲目以為只有西方民主才等同良治，他們非黑即白的二元思維讓他們不理會客觀事實，從根本上否定共產中國政權和它的體制。但恰恰這非民主體制，過去短短 40 多年為中國帶來翻天覆地的變化、取得舉世矚目的巨大成就；而同一時期西方民主經濟體卻相繼陷入困境。民主已不必然代表良治，西方模式已不再是很多新興國家選擇的模仿對象。

世界是多元的，中國也一再強調中國不會以自己的管治體制作為西方民主制度以外的替代體制。然而事實上中國過去 30 多年來的巨大成就向全世界傳遞的信息是，要達至良治，除了西方民主體制以外，替代體制的選擇是存在的。

金一南少將在 2000 年時作為解放軍軍官代表，被邀請到英國皇家軍事科學院學習，學院要求來自 26 個國家或地區的 30 名軍官分別就各自國家的社會制度、意識形態、憲法與國防作一個演講介紹。當時 26 個受邀國家只有中國是馬克思社會主義國家。面對這一個被金少將認為是故意刁難的難題，金一南少將以兩張在英國皇家軍事科學院找到的歷史圖片，說明了自 1900 年到 2000 年 100 年間社會主義如何改變了中國，使中國從瀕臨被瓜分亡國邊緣演變成一個現代化國家。一名完全不同意馬克思與社會主義的英國防務專家教授聽了金少將的演講後，對金說「你今天講出了你們的合理性」。

一個民主國家的反共學者，從中國過去一個世紀的歷史，

看到了一個不民主政體帶領中國所取得的成就,而接受它的合理性。那些處處毫無道理地反對共產中國的香港年輕人是不是也應該反思,摒棄那些主觀希望中國崩潰、五星紅旗不再升起的歪論,理性地認識和面對今天的中國?在香港,沒有人可要求任何人擁護中國共產政權;不認識卻盲目對中國仇恨、希望她崩潰,反映的只是盲目仇恨者的可憐與無知。

(原文發表於 2017 年 11 月 1 日)

權威官僚體系下的
中國式理性管治

　　一位移居了美國 30 多年的親戚，今年年初回香港探他的父親。我與他吃飯時談及了去年底的美國總統選舉。他說他在美國總統選舉投票中投給了共和黨的特朗普。

　　我問他為甚麼投票給特朗普，他說民主黨奧巴馬政府的醫保計劃推行後，他每月的醫療保險供款多了，但是奧巴馬醫保計劃下，他享有的保障範圍及項目卻比以前少了，為此他感到非常氣憤，所以他投票支持了要廢除奧巴馬醫保計劃的特朗普。

　　在奧巴馬全民醫保出現之前，美國有超過 4 000 萬人沒有醫療保險，這 4 000 多萬人若發大病肯定得不到適當的治療。民主黨的奧巴馬醫保，向有能力的人開刀，讓有能力的人幫助沒有能力的人，承擔沒有能力的人的醫療保險開支，此舉本身便是不折不扣的社會主義政策。

　　問題是這種社會主義政策，在奉行資本主義的美國社會，特別是在美國的中產階級中引起了很多人的反感。一些人把反感表達在總統選舉的投票中，那是完全可以預見的。其實，奧巴馬醫保計劃的推出與特朗普意圖把它推倒，所顯示的更深層次矛盾不

單是社會主義與資本主義的矛盾，更是國家治理的公共行政上，純理性與合理決策與滲透了強大民粹主義的民主選擇的矛盾。

開創了現代公共行政學的 19、20 世紀德國社會學與政治學家馬克斯・韋伯（Max Weber），其中一個最重要的公共行政理論是理性的官僚體制，這也常常被人們稱為「韋伯文官體制」（Weberian civil service）。韋伯文官體制的特點是一個以權力統治和理性決策為根基的官僚體制。有別於以價值為取向與行動指導的傳統型或魅力型權威體制，這種理性型權威體制以目的為取向與行動指導，重視對問題的科學認識，以科學認識為準則從而達致理性與合理的決策目標。

以這準則，衡量在現代國家治理的政策制定中，究竟是否已作出理性與合理決策？又甚麼是理性與合理決策？大概可以以兩項指標來評定。

（一）　有關決策是不是對大多數人有利。

（二）　若有關決策不能對全部人有利，有關決策是不是在不同利益羣體的不同利益中取得合理的平衡。

西方民主傳統中的自由主義者，相信大多數人通過民主選舉投票、反映大多數人意願的民主選擇，是最合理的選擇。但是近幾十年來，人們漸漸發覺大多數人通過投票所作出的民主抉擇，往往並不是理性和合理的。

這也涉及到資本主義社會的本質，資本主義的本質是弱肉強食，這也是馬克思所說的資本主義不斷發展的必然結果是寡頭壟斷。在西方民主社會，寡頭壟斷可以通過立法來制約；但立法制約不了的是隨民主而來更迅速發展不受控制的民粹主義。不受控

制的民粹主義通過選票而長期存在，往往使普選民主不能達致理性與合理的決策。

　　隨民主投票而來的民粹主義，使韋伯的理性合法的權威官僚架構不能存在，即使存在也不能有效運作，從而不能通過權威推行平衡不同利益羣體的理性與合理政策。理性與合理政策很多時候要求部分人犧牲利益，為社會整體或社會上另一部分人提供利益。就如在美國的奧巴馬醫保政策，惠及原來未被惠及的羣體；或如西歐一些國家意圖收緊令國家財政負擔不起的過度福利，使國家財政更健全以惠及整體社會。這些都是理性和合理的政策，但在民粹氾濫的民主社會，推行決策的執行架構缺乏的便是不受民粹阻撓的官僚權威，使政策的推行舉步維艱。

　　民主制度制約了獨裁暴君的非理性管治。但同時，民主發展出來的民粹，也在國家治理上阻撓與窒礙了官僚在國家治理中作出理性與合理的抉擇。

　　相對起來，諷刺的是非西方式民主的中國在國家治理上，權威官僚架構不受民粹的干擾，因而能作出理性與合理抉擇和執行理性與合理決策的能力，遠比民主國家為強。

　　國家主席習近平在五年前上台時其中一項強調的政策，是要求中國全面脫貧、進而達至均富，這也是一直以來社會主義的理想。如果說要求全面脫貧、追求均富，是國家治理的一個理性與合理決策目標，那麼，若均富在一個有 13 億人的非西方式民主中國出現比人口遠比中國為少的西方國家出現的機會為高，那對一直將西方民主等同良治的西方民主制度來說是最大的諷刺。

　　中國之所以有機會在全面脫貧與追求均富的道路上極可能成

功，基本原因有兩個。

第一，新中國成立以來，便有平均主義的傳統，平均主義的傳統在文革時候達至高峰。平均主義在當時也是均貧的代名詞。鄧小平讓一部分人先富起來的政策，是從社會主義、甚而是共產主義的平均主義走向貧富不均的資本主義。這樣一種決策，稱之為中國特色社會主義。但值得注意的是，中國在發展生產力從社會主義走向資本主義的過程中，在分配中沒有改變社會主義的根本本質，因而為整體社會步入小康而更要求一些人放棄自己部分的利益，整個社會、甚至被要求放棄自己利益的人，都是普遍接受的。這點與西方民主傳統的資本主義社會完全不同。

第二，也是更重要的是，中國不是一個非西方式民主的社會，中國的權威官僚體系有足夠的權力，強力指揮資源的合理調配。通過中央政府的權威指揮下，在 2008 年四川地震，上海市負責都江堰市、東莞市負責映秀鎮重建；在扶貧上，福建省負責寧夏對口扶貧、山東省負責新疆的對口扶貧；這種種的權威指揮調配資源達至合理決策目標，在西方民主國家來說，是完全不能想像的。

回看西方，在原來被認為完全正常的階級分野、貧富分野的資本主義社會中，要求推行均富的社會主義政策，便得面對龐大的民主投票與民粹主義的阻撓與反對。經濟利益分配的矛盾推至極致便會出現，如最近西班牙相對富裕的加泰羅尼亞通過公投要求獨立的鬧劇。加泰羅尼亞獨立危機所顯示的，便是西方民主管治體系，缺乏強力平衡不同利益的管治權威和缺乏接受平均主義的社會主義傳統。這兩項，恰恰便是中國式管治的強項。

一些對西方民主選舉不以為然的中國學者，曾經提出選票選不出真理。但更準確地說應該是，行使選票權利的很多人，並不以整體社會利益或宏觀地平衡社會不同利益，為他們作出抉擇的參考。在民主投票中，即使不少人在行使投票權時，會把宏觀社會全局考慮的理性抉擇作為投票的參考，但更多人投票考慮的往往是他個人的價值取向或本人利益考慮。這便是民主投票更多時候不能作出韋伯所說理性與合理決定的原因。

　　在中國，正是具權威的官僚有效地作出及推行官僚體系認為是理性與合理的決策。批評這種決策的人，會質疑說假若權威官僚的決定錯了怎麼辦？假若權威官僚的決定，並不是為了社會和國家整體利益而是為了執政集團的利益，那怎麼辦？

　　關於第一點質疑，歷史證明中國式決策往往是通過細緻的調研後才作出，調查研究正是中國式管治不可或缺的強項。調研的科學客觀數據，相對於民主投票的主觀感覺判斷，哪一個會更接近理性與合理，是不言而喻的。

　　關於第二點質疑，在中國，正正是因是執政黨為了保住它作為永遠的執政黨的執政集團利益，便必須通過制定與執行能惠及全部人或大部分人利益的政策，並取得成就，才能保住維持統治合理性與合法性。無疑，這是一個矛盾，但這矛盾也使在決策中的執政黨，必須作出理性與合理抉擇的動力和保證。

　　由憲法賦予中國共產黨執政權力、沒有西方式民主選舉授權的中國政權，深深了解到它的合理性與合法性來自它能否在國家治理中取得成效。為了在國家治理中有效率地為大多數人帶來實在的利益好處，讓大多數人滿意，以鞏固政權，便是制定理性與

合理的決策、糾正非理性與不合理政策的最大動力來源。這些都不是通過投票箱可以做到的。

　　一直以來的評論是西方式民主選舉，不能產生最出色的領袖，但西方式民主選舉的好處，是能通過選舉把無能的領袖拉下來。

　　近幾十年來，西方民主所走過的歷程顯示的是，不斷地每四年或五年，一次又一次把一個個沒有取得管治成效的領袖通過選舉拉下來。但若細心地觀察，西方民主面對的問題，究竟是沒有能力選出賢與能？抑或是制度本身使任何通過選舉被推上去的賢能，根本都不可能不受盤根錯節的不同利益干擾、而只按理性與合理性作出決策及推行政策？

　　對西方民主來說，選賢與能不是問題。是甚麼令選舉產生的賢與能，在作出與執行理性與合理政策時舉步維艱，那才是值得深思的問題。

（原文發表於 2017 年 11 月 19 日）

從英國殖民印度到中美貿易戰

　　曾在 2006 年競逐聯合國秘書長（最後由潘基文獲選）的印度國會議員、前印度對外事務部長沙希・塔魯爾（Shashi Tharoor），在 2015 年牛津辯論社（Oxford Union）的一次關於英國殖民統治剝削印度 200 年的演講，在網上熱傳引來 400 萬的點擊觀看及熱烈迴響。後來沙希・塔魯爾把他的 15 分鐘演講轉為一本 330 頁的歷史研究書，名為《不光彩的帝國：英國人在印度幹了些甚麼？》（*Inglorious Empire: What the British did in India?*），在 2017 年出版。

　　沙希・塔魯爾講述英國在印度的殖民統治，是通過對印度長達 200 年的不斷掠奪，以完成了英國的工業化進程。沙希・塔魯爾描述英殖民統治有系統地消滅印度的本土產業，以成就英國的工業化，他舉的眾多事實比較顯著的包括：

- 在 18 世紀英國殖民統治開始前，印度是全球最富裕的地方，國民生產總值（GDP）佔全球 GDP 的百分之二十三。在 1947 年英國離開印度時，印度 GDP 只佔全球 GDP 的百分之三。
- 英國殖民統治開始前，印度擁有全球最蓬勃的手工紡織業，紡織產品出品優良，遍銷中亞歐洲。英國殖民統治開

始後，先是東印度公司乃至後來英國政府直接管治，均有系統地消滅印度的手工紡織業，拆毀印度各地的手工紡織機械及工場，有文獻記載的極端情況是，東印度公司的官員甚至為防止技術工人重建工場重組紡織生產器械，而乾脆砍掉紡織技工的手指。目的便是不讓印度的紡織業生存發展，把印度生產的棉花大量運往英國，成就英國的機械化紡織工業，然後把紡織品轉移傾銷印度及世界各國，把印度由最大的紡織品出口國，變成依賴入口。

- 在 18 世紀初，印度紡織品佔全球紡織品貿易的百分之二十五，而印度整體產品出口佔全球的百分之十七；至英殖民統治結束時印度只佔全球產品出口的百分之二，而印度紡織品出口貿易已不存在。

- 殖民統治時期印度造船業情況也一樣，英國殖民統治開始時印度擁有蓬勃的造船業，而且在船舶製造上比英國造船業更有競爭力。英國的做法是在 1813 年通過法例，禁止印度製造 350 噸以下的船舶在英國與印度之間航行，在 1814 年更通過法例，禁止印度製造的船舶參與美國及歐洲大陸的貿易，使印度製造的船隻只能在印度與中國之間航行；但當時中國與印度並沒有蓬勃的貿易往來。就是這樣，英國通過殖民統治扼殺了印度造船業的發展。

- 英國人誇口在殖民統治時期在印度建造的鐵路網，在沙希‧塔魯爾分析中，只是一條條從印度大陸內陸把天然資源運出通往港口把資源出口的運輸鐵路，而不是為了便利印度內部之間的聯繫。而且印度鐵路當時的每一里

造價是同一時期在美國及加拿大鐵路建造價的兩倍，建造費用全由印度負擔，以保障英國建造鐵路的公司可以獲取巨額利潤。

沙希・塔魯爾在他的書中所描述的便是第一次工業革命時，超強的大英帝國以其強大的軍事力量，建立及維持遍及全球龐大的殖民統治，構建有利於維持大英帝國霸權的工業生產供應鏈生產體系 —— 亦即從殖民地掠奪資源，供應英國的工業發展，再以大量生產相對價廉的工業產品向殖民地傾銷。

在這樣的過程中，殖民霸權國家掌握的是（一）先進的生產技術，（二）在全球範圍內完整的工業生產資源供應鏈，及（三）市場。簡單來說就是被殖民的地區必須服從殖民霸權國家對工業生產產業鏈所作出的安排，配合及為殖民霸權國家構建的工業生產產業鏈服務。

西方國家在殖民地霸權時期，強加於被殖民地區的工業生產供應鏈生產體系結構的狀態，並沒有在第二次世界大戰後開始出現的非殖化而結束，而是以另一種形式出現。

20世紀末至21世紀初西方國家主導的全球化，其實便是不再以武力與殖民地統治，而是以西方主導的規則為本的全球工業生產供應鏈生產體系結構的構建與重組。隨着英國的沒落，超強的美國取代了英國成為經濟霸權，在全球化的工業生產供應鏈生產體系結構構建中，佔了主導位置。與殖民地時代不同，雖然以美國為首的西方國家，掌握了整套的產品設計與生產技術工序、資源供應鏈及市場，但美國及後工業化的西方國家國內的工業生產，因工資高漲及其他原因而迅速萎縮，促使美國及西方國家必

須在全球範圍內通過控制工業生產供應鏈，把生產工序安排到不同的新發展中國家及地區。

以生產一部電腦或手機為例子來說，供應鏈如何安排全由掌握了技術與市場的美國決定：（一）生產晶片由日本、韓國、台灣負責，（二）技術含量較高的液晶體顯示屏由馬來西亞、新加坡負責，（三）較低層次的配件生產由越南、中國等來承擔，（四）裝配則在有大量技術工人的中國進行，然後（五）生產控制、物流、金融財務支援則由香港及新加坡負責。

一件產品以至在全球範圍內工業生產供應鏈該如何安排，才能對美國最為有利？站在全球唯一超強的美國的利益立場來看，哪些國家能生產供應甚麼、該生產供應甚麼，必須由美國決定，才能保障美國的利益，維護美國的經濟霸權。

中國改革開放的前 20 年，通過自由貿易獲得當時在日本及歐美已過時落後的技術，從事低端生產。美國眼中的全球工業生產產業供應鏈佈局中，仍停留在上世紀八、九十年代，認為中國只配從事低端生產，無視近 20 年中國產業在技術上不斷向高端發展。而這也解釋了為甚麼貿易戰一展開，美國便先扼殺中興的晶片，繼而不斷的不提證據的指責中國竊取美國技術，目的便是提醒中國，美國不會讓中國擺脫美國經濟霸權下，為中國安排了在全球工業生產產業供應鏈的低端位置。

美國在特朗普上台後對中國發動貿易戰的主要原因，並不是因為龐大的貿易逆差，而是中國作為一個擁有完整產業鏈的大國崛起，開始逐步打破了美國對全球工業生產產業供應鏈該怎樣安排的掌控，威脅了美國的經濟霸權。

從奧巴馬的「美國永遠不會成為第二」（America will never be the second）到特朗普的「美國優先」（America first），均是美國對全球產業供應鏈結構掌控，因中國的崛起而力不從心的條件反射。特朗普治下的美國急速向右傾，為維護其經濟霸權，甚而不惜對歐盟及日本挑起貿易糾紛，意圖強化美國對全球產業結構安排的絕對話語權。

美國總統特朗普這兩年來的「美國優先」給全球開了眼界。從退出跨太平洋夥伴關係（TPP）談判、退出巴黎氣候協議、退出伊朗核協議、視世界貿易組織規矩為無物、以至在與加拿大和墨西哥的貿易協議加上「毒藥條款」，每一項都是為了維護美國經濟霸權利益。

畢竟，今天的中國不是 18、19 世紀的印度，也不是東南亞的小國，中國不會永遠在該生產甚麼、能生產甚麼的問題上，任由美國擺佈。中國是一個擁有完整產業鏈的超大型國家，可以擺脫西方國家制訂生產供應鏈結構對中國的規限，中國也是唯一一個迅速崛起、有能力擺脫西方在二戰後制定全球生產供應鏈結構規限的國家。

與超強的美國不同，歐盟各國沒有興趣也沒有能力遏止中國的崛起，因此它們反而會專注於它們的優勢產業。諸如法國的航空工業、核電技術，德國的汽車、工業與尖端器械生產，英國的金融及服務業。無論中國如何崛起，歐洲國家在不同領域仍然有她們優勢產業的獨特優勢。與欲維持獨享霸權的美國不同，對歐洲國家來說，自由貿易變成了歐洲國家充分利用優勢產業、互通有無、為國家謀取最大利益的必須客觀條件。

沙希・塔魯爾在他的書中指出，英國對印度統治期間，印度有 3 000 萬到 3 500 萬人因飢荒死亡。單在 1943 年的孟加拉飢荒便引致 400 萬人死亡，當時一批從印度其他地方運往孟加拉的救災糧食，被英國時任首相邱吉爾命令轉運往歐洲儲存，作為當時在歐洲作戰英軍的備戰糧。當印度的殖民地官員發電報報告給邱吉爾，指出他的決定會引致更多人死亡的災難後果，邱吉爾在報告的電報旁批註說：「為甚麼甘地還沒有死去？」（Why hasn't Gandhi died yet?）

　　殖民霸權國家為維護本身的利益，根本不理會它們本身以外任何地方任何人的死活，即使廣受英國人尊敬的邱吉爾也不外如是。今天的「美國優先」本質上與上兩個世紀殖民霸權國家的自私沒有分別。也因如此，當霸權國家訂立的規則不能再為延續它們的經濟霸權服務時，它們會毫不猶豫地棄置。

　　不久前萬眾期待的中國國家主席習近平與美國總統特朗普在阿根廷的會面，就中美貿易戰，雙方只能達成停戰 90 日的協議。在目前遏制中國發展以消除對美國經濟霸權威脅已成美國民主共和兩黨共識的背景下，除非美國接受它沒有可能單方面為中國的發展定下框框和遊戲規則，放棄實質是經濟霸權主義的「美國優先」；否則，在可見的將來，中美貿易戰將或會出現緩和或間歇休戰，但不可能停止。

（原文發表於 2018 年 12 月 23 日）

從「貿易戰」到「文明衝突」

今年 4 月底，在中美貿易戰進行得如火如荼之際，美國國務院政策規劃主任基隆‧斯金納（Kiron Skinner）在美國智庫「新美國」舉辦名為「未來安全論壇 2019」（Future Security Forum 2019）中，提出將目前中美競爭投放到依循二戰後美國對前蘇聯的關係政策方針：以「遏制」為指導的思維方式。斯金納認為美國與前蘇聯的競爭只是西方大家庭（Western Family）內部的競爭；但對於中美競爭，斯金納將之定性為「文明衝突」。這位美國哈佛大學政治與國際關係博士進一步提出，目前中美關係是「美國首次以一個由非高加索人種構成的大國作為競爭對手」。

斯金納的「非高加索人國家」言論一出，立即被人認為是種族主義者言論。但究竟甚麼是「高加索人」？

人類學家把地球上不同人種分成超過十種，但大致同意的是不同人種起源分為三大類，亦即是高加索種人（Caucasian）、蒙古種人（Mongolian）及尼羅格人種（Negroid）亦即黑色人種。蒙古種是發源於亞洲特別是東亞的種族，尼羅格或黑種人發源於非洲，而高加索人從人口發源地的分佈來說包含了歐洲人、南亞人、部分中亞及東非洲人如埃塞俄比亞人，包涵了白種人和有色人種。

在描述某一人的族裔時，不會有人說中國人、日本人或韓國人，甚至蒙古人是蒙古種人，而會一律稱為亞洲人。而在美國，黑人一直被稱為尼羅格人（Negro）或黑人（Black）。但自上世紀60年代後，以 Negro 及 Black 來形容美國黑人也開始減少，而改以非洲裔美國人（African American）作為描述。

在上世紀的美國，高加索人一般被等同為美國的白人，因而用高加索一詞的時候，也會廣泛地連同白種人一詞一同描述，亦即以白種高加索人（White Caucasian）來描述美國白人。但白種高加索人這個詞自上世紀後期開始被認為是帶有種族主義的標籤，而不被廣泛使用。因此，依高加索人這種族區分稱呼套在異於西方文明的文明衝突論述中，是仍存在於美國社會的種族偏見。

毫無疑問，過去200年，伴着殖民統治對被殖民地人民的欺壓與掠奪而散播的西方文明是世界上獨一的強勢文明，主導了這兩個世紀人類文明的發展。而主導西方文明的便是源於白種高加索人的文明。

然而，人類文明是多元的，隨着二戰結束、200年西方殖民掠奪的終結，迎來了中華文明、中亞文明、印度文明與伊斯蘭文明的復興，眾多非洲國家也在擺脫飢荒與貧窮，走上文明再生之路，讓世界變得更多元。西方文明已不再是人類唯一嚮往追求的文明，而這一點，大多數習慣了自我感覺優越和被追崇的西方人，仍未察覺或察覺了但不願意接受。

斯金納那帶有種族色彩的文明衝突論，反映了白人主導的西方社會，特別是美國對西方文明及價值的絕對優越感，開始失掉

了信心。

不同族裔文化的融和，在上世紀美國流行的說法是「熔爐」（Melting Pot），形容美國就如一個大熔爐，把來自不同地方不同族裔的人融合，形成獨特的具包容性的美國文化。也許因為斯金納是在對膚色非常敏感的美國的一個非洲裔美國人，所以她在說「美國首次以一個由非高加索人種構成的大國作為競爭對手」時，巧妙地不如一般美國人說「非白種高加索人」、而只說「非高加索人種」。斯金納是作為一個非洲裔美國人，卻從白種高加索人的角度看待由非高加索人種構成的中國，看來美國人的所謂大熔爐，並不是不同種族的人的文化融合，從非洲裔的斯金納身上看到的，是美國大熔爐只是把不同膚色的美國人，融入以白種高加索人文明為根本的西方文明體系中。

以種族為主導的文明衝突論述，早已被公認為政治不正確、在論述上站不住腳。但從現實角度，西方文明在現代文明的主導地位是不可置疑的。

《金融時報》首席經濟評論員馬丁・沃爾夫（Martin Wolf）在他的文章〈中美將進入百年衝突〉（"The looming 100-year US-China conflict"）一文中指出，斯金納將中美競爭定為首次大國競爭中參與者為非高加索種人國家加入的競爭，是忘卻了美國在上世紀與日本這非高加索種人強國的戰爭和競爭。

日本早在 19 世紀已經開始西化脫亞入歐。日本雖然保留了東方文化特色，但就如菲律賓一樣早已被認為是西方文明體系中的一員，因而斯金納不將之視為非高加索種人文明是不難理解的。這也說明了高加索種人文明只是一個偽命題，在西方大國眼

中的西方文明優越性，焦點並不在於白種高加索種人本身，如何讓源於白種高加索人創建的西方文明，在當今不同文明競爭的世界中保持絕對優越的支配地位，才是西方大國眼中文明競爭的核心內容。

從中美競爭帶來的「文明衝突」使「文明衝突論」又開始活躍起來。「文明衝突」包涵了由文化與宗教信仰的差異而產生的衝突，「文明衝突」在上世紀 90 年代被薩繆爾・亨廷頓（Samuel P. Huntington）理論化之前早已存在。早在 19 世紀中葉到 20 世紀初第一次世界大戰前，歐洲文明隨着歐洲國家殖民勢力向全球擴張的黃金時期（*belle-epoque*），「文化衝突」（clash of culture）一詞已在殖民者與被殖民者之間出現。「文化衝突」一直存在於殖民地時代英國恩格魯撒克遜（Anglo-Saxon）殖民者的認知和以此作為行事規律當中，其目的就是鞏固白種高加索人的種族和文明優越感，確保兩者對非白種人世界的支配地位。

19 世紀政治意識形態衝突尚未出現，文化衝突是來自西方殖民國家，殖民者與被殖民侵略地區人民之間的衝突。20 世紀初第一次大戰結束和蘇維埃共產主義政權的出現，標誌着政治意識形態衝突的開始，取代了文化衝突，形成了差不多整個 20 世紀地緣政治衝突的主要內容。

亨廷頓的「文明衝突論」在 1992 年出現並非偶然，而是有其歷史背景因素的。隨着前蘇聯與東歐共產集團的瓦解，冷戰結束，美國總統老布殊（George W.H. Bush）在 1992 年向國會發表的國情咨文中宣告共產主義死亡，亨廷頓的學生福山（Francis Fukuyama）在同一年提出「歷史終結論」，宣示了西方民主政體

是人類社會追求最終的理想政體，政治意識形態衝突也隨之沉寂下來。在後殖民時代已獨立的前殖民地國家紛紛取得不同程度的現代化成就時，取而代之的是「文明衝突論」的再次興起。

亨廷頓特別提出中國經濟的迅速發展和穆斯林世界人口的急速增長，構成了對西方文明主導地位的兩大威脅。歐洲各國面對的便是穆斯林移民的大量進入歐洲而帶來的宗教與文化衝擊；對美國來說，中國的快速崛起挑戰了美國一直不受挑戰的政治與經濟霸權。越來越多的證據顯示，特朗普上任美國總統以來對中國進行的貿易戰不單是貿易衝突；推動貿易戰的動力是全面遏制中國崛起，內容是包涵政治、經濟與文化的文明衝突。

貿易戰爭奪的是經濟利益，手段包括壓制對手和不惜損害對手的利益，目的就是為自己一方牟取利益；就如貿易戰開始直到最近特朗普一直宣稱提高來自中國的商品的關稅，可以讓在中國設廠的美國公司把生產線搬回美國，幫助美國人就業、也減少從中國進口。然而，隨着近期中美貿易戰的升級，中美雙方似乎都不對中美能達成貿易協議存有厚望時，特朗普在 8 月便在他的推特中稱命令美國企業撤出中國，為此甚而加徵更多關稅以壓縮在中國的美國企業的利潤，令他們失去了在中國設廠的動力。

這些措施壓制和損害了中國，但並不能為美國帶來利益。在壓縮在華美國企業利潤迫使有關企業撤出中國的行動中，特朗普已不再提要求這些利益受損的美國企業返回美國，為美國帶來利益，而只是單純為了遏制對方和損害對方利益。這已不再是損人利己的貿易戰，而是更高層次的支配權的爭奪。這與美國運用各種理由與各種手段迫使盟友禁用華為 5G 設備是源於同一出發點

的，便是維持美國作為唯一超級大國對全球政治、經濟，以至文化的支配權。有別於互惠共贏的共同參與，支配權的爭奪是勝者全取的零和博弈。

不同的文明可以各自發展或在競爭中和平共存。殖民地時代殖民者以其強勢文化通過武力壓制被殖民者，引來被殖民者的負隅頑抗而產生了「文化衝突」；按亨廷頓的說法，「文明衝突」是政治意識形態的冷戰結束後回復到「文化衝突」的延續，突出的要點是復興的中華文化與穆斯林對西方文化體系的挑戰與衝擊。特朗普以至圍繞着他的極右鷹派顧問處處針對中國，動力來自他們的認知，就如被視為保守派學者斯金納所認知的一樣：美國視美國所代表的西方文明與價值，正面對不屬於西方大家庭的中國的挑戰。把目前中美在經濟與科技領域的競爭提升至文明衝突的層次的人，他們背後的理念便是要保持西方文明對非西方文明世界的支配權，為此甚而不惜強行把中國拉進了這場他們自編自導中華文明與西方文明的衝突與零和博弈中。

（原文發表於 2019 年 9 月 15 日）

西方失去優越感卻盲目傲慢

　　國父孫中山先生於 1925 年 3 月 12 日在北京病逝，臨終前一天簽署了由他的秘書汪精衛為他代書的《總理遺囑》。《總理遺囑》後來被稱為《國父遺囑》。

　　我的父親年少時受國民黨教育，在我求學時期不止一次向我說他讀書時，所有中學生都要背誦《國父遺囑》。受我父親的影響，我也背誦了只有簡短兩段內容的《國父遺囑》。

　　《國父遺囑》的第一段說：「余致力國民革命，凡四十年，其目的在求中國之自由平等。積四十年之經驗，深知欲達到此目的，必須喚起民眾及聯合世界上以平等待我之民族，共同奮鬥。」

　　1925 年的中國，是剛推翻 5000 年帝制創建共和，中國仍承受着西方列強對中國的半殖民侵佔與掠奪苦況。孫中山先生深知在短期內，剛推翻封建帝制、仍面對帝制封建殘餘影響的軍閥割據，積弱百年的中國，並沒有能力獨自完成國民革命及廢除西方列強套在中國人民頭上的不平等條約。一句「必須聯合世界上以平等待我之民族，共同奮鬥」其實是發自當時俯伏在列強橫行中國下，中國人仰視哀求高高在上的西方列強以平等待我的哀鳴。

　　20 世紀初葉的中華民族，要求的和可以得到的民族平等對待，並非華夏與西方族裔之間平視的相互平等對待，而只是西方

列強在絕對優越下，憐憫式施捨給中華民族的平等對待。

即使是二次世界大戰結束後，西方列強開始非殖化，一步一步掃除種族間的不平等，但伴隨殖民主義而強化的白人至上主義（White supremacy），並沒有隨殖民主義結束而消失。因而掃除種族間不平等的過程，也只是在代表西方的白種高加索人從來沒有放棄過的優越感基礎下，俯視式的給予其他族羣的平等對待而已。

這種以白種高加索人為代表的西方文明絕對優越感為基礎、憐憫俯視方式授予其他族裔的平等，在過去大半個世紀以來基本上沒有改變。從美國在上世紀 60 年代給予黑人完全平等的投票權、到上世紀 70 年代香港英國殖民地政府給予中文與英文同等地位，都是白種西方人高高在上對一直被他們不平等對待的異類授予的平等。

過去大半世紀以來，西方國家通過強大的軍事、經濟力量主導建立國際秩序、以強大的媒體滲透力向全球推銷「普世價值」。其實，以西方國家的經濟制度、政治與宗教信仰和文化價值體系為藍本的「普世價值」，對西方人來說最重要的作用，便是強化源於西方的政治與宗教信仰和文化價值體系的絕對優越地位，而要與他們不同的族羣也必須接受，才可以獲平等對待的待遇。對西方人來說，他們通過推行「普世價值」而獲得的絕對優越地位不容挑戰。

兩個世紀以來對自身制度與文明充滿優越感的西方，在中國近年崛起前，根本從沒有把包括中華文明的其他文明放在眼內。直至中國近 40 年來迅速崛起，才出現了如美國國務院政策規劃主任基隆・斯金納（Kiron Skinner）所說的，中國崛起後的中美

關係是「美國首次以一個由非高加索人種構成的大國作為競爭對手」。

新冠肺炎病毒疫情去年 11 月在中國武漢開始出現，今年 1 月開始在國內蔓延，並且在 2 月底開始在全球大爆發大流行。中國在不超過十萬人被確診感染的情況下，在兩個月內迅速把疫情控制住及阻斷了傳播；相對於美國國內的疫情至 4 月底已過 100 萬人確診感染和部分西歐國家對疫情肆虐反應遲緩，中國在控制疫情上的表現無疑比起歐美任何一個國家都要好。無論現在美國與西歐國家如何嘗試把自己國內疫情肆虐歸咎甩鍋給中國，這些國家控制疫情不力的事實，已被冷冰冰的龐大確診與死亡數字講得清楚不過。

在今年 2 月到中國考察疫情的世界衛生組織中國考察專家組組長布魯斯・艾爾沃德（Bruce Alyward），便曾經驚嘆他在中國不同地方接觸到在不同崗位的中國人，都很清楚知道政府處理疫情的指示和清楚知道在控制疫情的努力中自己需要做的。新冠肺炎疫情肆虐中，人們最深刻的印象是不同國家的應對方式、產生的效果，以致反映出國家的治理成效。就如日裔美國政治學者福山（Francis Fukuyama）所說：在新冠疫情下決定不同政府表現的，不是哪一種政體，而是這種政體頂層官員的判斷與執行能力；更重要的是人民對政府的信任，讓人民相信為政者清楚知道自己正在做甚麼。而根據福山所言，這一點正是美國社會所欠缺的。

然而，無論在應對新冠肺炎疫情上表現如何糟糕，由政客主導的西方國家、民粹政客為了在選舉中保住權位，絕不會承認自

己決策與執行上的錯失，也不會接納民粹主導下應對疫情時決策與執行體制上的制度失效。甩鍋給中國變成了最唾手可得的卸責工具。

在這次世紀疫情大爆發大流行中，非常清楚地顯示在控制疫情上，中國、韓國、日本以至香港、台灣的東亞及華人地區的表現，遠比美國與歐洲國家優越。但是在西方國家，那些西方政客植於骨髓中的西方優越感與傲慢並沒有因這次疫情而改變。無論世衛如何稱讚中國在處理疫情的高效與高透明度，西方國家無理與無證據指責中國隱瞞疫情和無理指責世衛失職，已成了氣急敗壞的西方政客，賴以仍然抓住他們在疫情下快要失掉的優越感的最後依靠。其實，西方媒體基於他們迷信西方民主制度必然優越和盲目判定中國因沒有民主所以必然低下，覺得他們可以以這優越感隨便有理沒理，甚至以猜測為依據對中國的一切作出主觀偏見的判斷，以此為基礎對中國進行批評與抹黑，已成了他們理所當然的習慣。

習慣了深信西方制度與文明高人一等的西方政客，在他們明顯地處於優越地位時，他們可以傲慢地憐憫式的以平等對待與他們不同的其他文明。這次疫情顯示了他們毫不優越，但這一點沒有改變他們深植於骨髓的優越感與傲慢。推卸責任甩鍋中國變成了他們仍然維持他們那種自我感覺良好的優越感與傲慢的最好方法。

120 年前庚子年八國聯軍借義和團作亂攻佔北京紫禁城，瘋狂掠奪後更迫清廷簽署《辛丑條約》，讓中國老百姓向十四國列強作出賠償白銀 4 億 5 000 萬両的《庚子賠款》，當中單是美國便

拿了3 200萬両。同是庚子的2020年，120年後白人至上主義的幽靈不散，西方優越感與傲慢不變。美國與歐洲一些國家以至澳洲的政客，又準備借新冠疫情炮製另一次《庚子賠款》，向中國人民作另一次敲詐。

對中國人來說，中華民族迅速復興，中國越是進步，越是與西方接近平起平坐的時候，失落了的優越感與盲目的傲慢導致心態不平衡的西方，將越是更以不平等待我。

近百年前國父孫中山先生已看得很清楚，在他遺書中要求聯合世界上以平等待我之民族，對象不是在全世界都有殖民地的西方列強。孫中山要求平等待我的民族，表達在他臨終前除了《總理遺囑》與個人財物的囑書外的《致蘇俄遺書》中。近百年前的美國與殖民地遍佈全球的歐洲列強，並不是國父孫中山先生心中會平等待我的民族。100年前如是，今天也如是，特別是在感受到其絕對優越地位已受到前所未有的挑戰時，西方國家只會懷着更大的偏見對待中華民族的復興。

21世紀的中華民族並不需要別的民族平等待我，而是要那些放不下白人至上幽靈的西方政客、媒體以至民眾放下他們的優越感與傲慢，老實地接受不同的文明與制度根本從一開始便是平等的。西方的也好、非西方的也好，不同的文明與制度各有優劣，從一開始便是平等的，西方並沒有高高在上以他們的標準為唯一標準，品評與他們不同的文明與制度的傲慢特權。

對已慣於以西方價值為中心的一些西方國家來說，要求他們接受那些不論是文化、政治和宗教信仰均與他們相去甚遠的文明，一直以來便具有與西方文明同樣的平等地位，是變相要求

他們接受西方文明代表的並非唯一的「普世價值」。以那些西方國家的傲慢，要他們接受這一點，恐怕仍需一段非常非常長的時間。也因如此，民粹政客主導的美國與西歐一些國家，以各種方式遏阻迅速不斷崛起的中國與中華文明，不會因為這次世紀大流行的新冠疫情而改變；反之會以更大力度在更大範圍對中國的崛起進行遏阻，而且會更為激烈。這一點中國人必須拋掉幻想，以清晰頭腦面對。

（原文發表於 2020 年 5 月 11 日）

篇後記：

　　我在這篇 2020 年 5 月發表的文章中說「二十世紀初葉的中華民族，要求的和可以得到的民族平等對待，並非華夏與西方族裔之間平視的相互平等對待，而只是西方列強絕對優越下憐憫式施捨給中華民族的平等對待」和「二十一世紀的中華民族並不需要別的民族平等待我，而是要那些放不下白人至上幽靈的西方政客、媒體以至民眾放下他們的優越感與傲慢，老實地接受不同的文明與制度根本從一開始便是平等的。」國家主席習近平在十個月後 2021 年 3 月 6 日在全國政協聯組會議上說：「70 後、80 後、90 後、00 後，他們走出去看世界之前，中國已經可以平視這個世界了，也不像我們當年那麼土了。」孫中山先生去世後，中國人經過差不多 100 年的奮鬥，終於可以不再仰視西方人，乞求他們平等待我。

中美冷戰的香港元素

7 月底美國要求中國關閉中國駐休斯敦總領事館,中國隨即要求美國關閉美國駐成都總領事館作為報復,標誌及確認中美進入了冷戰時代。

與美國宣佈關閉中國領事館的同時,美國國務卿蓬佩奧在加州尼克遜圖書館發表了題為《共產主義中國與自由世界的未來》(Communist China and the Free World's Future)的演說,表達對前總統尼克遜時代開始與華接觸近 50 年以來的政策模式,並沒有為中國在政治上帶來改變感到失望。他表示不能延續這接觸模式,而必須由各國組建新的西方民主聯盟對付中國。

蓬佩奧以美國國務卿身份卻甩開了所有外交禮儀規範,一如既往通過令人驚訝的低劣謊言,毫無根據地指責中國國家主席習近平在中國國內及國外施行暴政,他在演說中說「除非我們允許,否則習總書記不可能永遠地在中國國內施行暴政和在國外欺壓」,並且以「新暴政」來形容中國,說自由世界必須戰勝這「新暴政」。

蓬佩奧充滿敵意與謊言的演說,是宣示中美冷戰正式啟動的冷戰宣言。

在蓬佩奧發表了演說後,英國便有評論指出,蓬佩奧演說中

所提及尼克遜與中國接觸是為了改變中國，顯然是無知的錯誤或故意的誤導。尼克遜在 1972 年訪華，叩開中國緊閉的大門並不是為了要改變閉門的中國，而是為了冷戰的需要，希望聯合中國對付美國正與之冷戰的蘇聯。尼克遜啟動與中國接觸的目的並不是要改變中國，而只是站在美國國家利益立場希望拉攏中國對付蘇聯。

美蘇冷戰中蘇聯潰敗，美國成了全球唯一的霸權。但中國在過去 40 年走自己的政治、經濟與社會道路，迅速崛起，顛覆了為美國掠取最大經濟利益而由美國主導設計的全球政治經濟秩序。自 2017 年狂人總統特朗普上台，極右及白人至上主義勢力迅速盤踞了美國政府，與中國的競爭變成無可避免。美國以貿易不平衡、科技被盜取，以至強迫轉讓知識產權為藉口而挑起與中國的衝突此起彼落。貿易戰只是經濟利益的爭奪，冷戰的目的卻是推倒政權。特朗普政府挑起與中國的全面冷戰，目的已不再是簡單的經濟利益的爭奪。

以蓬佩奧為代表的美國政府高層近期在評論與中國互動的事務上，已不再以「中國」（China）一詞描述中國，轉而以「中共」和「中國共產黨」（Chinese Communist Party, CCP）描述。香港泛民反對派過去幾年來從不以「中國」稱呼自己的國家，而以「中共」一詞表達他們對中國政府的敵視。蓬佩奧採納了向他遊說制裁中國的香港泛民反對派政客在國家內部與執政黨鬥爭的用詞，作為對一個主權國家的稱謂，不單完全顛覆了國與國外交禮儀規範，反映出他的無知，也反映出美國現政府對由中國共產黨領導的中國現政權的敵視已無底線。

其實美國極右與白人至上主義政治勢力，一直是以一種近乎宗教信仰的偏執對待政治信仰，而把世界二元化。他們把西方民主等同自由，並視之如宗教信仰般的神聖不可質疑，進而把沒有西方民主等同不自由並視之為邪惡。這種原教主義般排他性的信奉西方民主，產生了如蓬佩奧所說：「若自由世界不改變中共，中共便會改變我們。」蓬佩奧所言，吹響了你死我活鬥爭的序幕。

對習慣了對與錯、黑與白、神聖與邪惡二元化思維的西方教條主義者來說，發起冷戰擊敗非西方民主的中國，是神聖戰勝邪惡、是迷信西方民主必然優越的西方教條主義者的 21 世紀十字軍東征，中美冷戰因而無可避免。

香港一直處於中美兩國角力的夾縫，藉着「一國兩制」實行以西方民主為框架的管治方式。因而在以美國為首的西方國家眼中，香港並不屬於中國，而是由西方與中國共治。美國國家安全顧問奧布萊恩 7 月初便在評論《港區國安法》時對記者說，中國通過為香港制訂國安法把香港「吞併」。奧布萊恩的中國把香港「吞併」描述，無疑反映了一直以來在美國眼中，香港並不單屬於中國，也屬於西方。香港的港獨分子與去年的黑暴暴徒便再三宣揚「香港是中國大陸的殖民地」、「抗爭必須對準政權」和「沒有暴徒，只有暴政」的夢囈論述。蓬佩奧說必須改變與華接觸的政策，便是停止接觸、「對準政權」發動冷戰以推翻「新暴政」。究竟美國發動對華冷戰意圖推翻中國現政權的「新暴政」，是受絡繹於途往美國跑的香港泛民反對派與港獨分子的遊說啟發？還是香港泛民反對派與港獨分子只是美國處心積慮發動對華冷戰的馬前卒？

對曾經通過冷戰令蘇聯潰敗與解體的美國來說，冷戰是讓神聖優越的西方民主政體，擊敗邪惡的非西方民主政體的必由之路。但是對中國來說，冷戰卻意味着中國國家主權對抗自奉為神聖的美國霸權。

中美冷戰對美國而言是如同在上世紀成功碾壓解體蘇聯一樣，是霸權碾壓、顛覆與解體另一個對手——中國的手段。但冷戰對中國而言不是政治制度的優劣之爭，而是作為一個完整獨立主權國家的存亡之爭。了解到中美冷戰的本質，站在中國人的立場，就如華為面對美國的全方位打壓時，華為創辦人任正非所說的一樣：「除了勝利，我們已無路可走。」

（原文發表於 2020 年 8 月 10 日）

中國無懼躲不開的中美冷戰

巴基斯坦裔的英國智庫學者 Umair Haque，曾寫了一本對資本主義前景提出充滿理想主義思維但不被留意的《新資本主義宣言》(*The New Capitalist Manifesto*)，他最近發表了一篇名為〈英國正在自我毀滅 —— 一個對世界的警告〉(Britain is Self-Destructing: And it's a warning to the world) 的文章。

Umair Haque 在文章中提出，英國保守黨自 2010 年開始執政到現屆政府任期完結，將連續執政 15 年。15 年期間，英國由 1990 年代一個相對富裕的強國，淪落為一個三流的窮國。

Umair Haque 在文章中批評英國保守派犯了三個災難性的錯誤。（一）在 2007 年的財政危機中，出資挽救銀行，從而犯了第二個災難性錯誤；（二）因為要挽救金融體系但英國政府財政困乏，因而要大規模殘酷地縮減公眾開支；為此，失敗而不負責的政客對外尋找替罪羔羊，引發了第三個災難性錯誤；那便是（三）脫歐。

Umair Haque 認為這三個災難性的決策，引致現在歷史上一個已發展社會最悲慘的衰落。

而這些決定都是選民的決定。

Umair Haque 因而認為民主失敗了，而那是更深層次的失

敗。民主失敗於：民主制度運作良好，但選民已缺乏了作出明智合理決定的能力。（The political system is working just fine, but people themselves have become incapable of making sensible decisions.）

Umair Haque 所說的民主失敗，不單在英國如是，可以說在全世界由政客與政治精英主導的民主國家，都正在被一股由根深蒂固、日益壯大、不可觸碰的民粹主義所淹沒。而恐怖的是在一人一票的民主社會，民粹主義並不是單純的鹵莽橫衝直撞，而是一股被精英政客與財閥勾結通過各種手段精心操控的力量。毫無疑問，相對於上世紀七、八十年代，西方民主社會的民智已相對低落。在政客與政治精英日益臻善的美麗謊言與譁眾取寵空洞諾言的操弄下，就如 Umair Haque 所說，民眾已失去了作出明智合理決定的能力。

Umair Haque 在以前的文章中曾經說過：「只有一個傻瓜的社會才會讓特朗普領導（他們）。」（It takes a society of idiots to be led by Donald Trump.）

在美國，依賴鹵莽民粹上台的特朗普連任失敗。拜登上台，政治精英重新執掌美國政府。以旋轉門進出政府的高層官員，與大財閥有着數不清的利益關係。龐大的資本力量與對媒體的控制，使拜登時代的統治精英比特朗普時代更能任意操弄民意，製造謊言，為政治精英長期的管治失誤尋找替罪羔羊，把政治精英管治失敗的責任推向非法移民、恐怖分子及最大的壞蛋——被指偷竊美國科技及美國工人就業機會的中國。

為此美國政客們不惜製造謊言，抹黑與尋找替罪羔羊，為自

己的管治失敗脫罪。在失敗的民主制度下，其實他們的要求很低，他們要求的只是要選民相信他們的謊言兩三年，直至下一次選舉他們順利勝出，他們便成功了。很多年後他們的謊言被揭發，已沒有人需要負責。而日益生活困難的選民也無暇理會，這便是現今美國民主的現狀。

美式民主制度已變成了一個政客與政治精英與財閥勾結、對國家管治失敗的階層，通過各種手段操弄選民、操控選舉，為尋求永續執政而每四年進行一次的政治遊戲。

表面上民主有着很美好的理念：被選者對選民負責。事實上：他們甚麼責也不用負。任期完結，有能力繼續成功以謊言忽悠選民的，便繼續留任下去。選舉失敗的，如特朗普一樣，拍拍屁股便走了。負甚麼責？這便是西方的民主。

一人一票的選舉民主對於擁有超過 3 000 年文字記錄歷史的中國來說，是很近代的管治概念。中國人一直以來追求的是「幸福」和如習主席所說的「人民對美好生活的嚮往」。甚麼是「幸福」和「人民對美好生活的嚮往」？包含了甚麼內容？概括地說，是人們在（一）一個良治的政府管治下，（二）沒有恐懼，（三）也沒有匱乏地在（四）和平的環境中以自己選擇的方式生活。

單是一人一票的民主選舉能帶來中國人追求的「幸福」與「人民對美好生活的嚮往」嗎？

民主只是「良治」的手段，而不是目的。因為民主可以有不同形式，不同的內涵。西方國家對一人一票民主的執着，在現今西方社會民粹主義橫行、民智低落、理性消失的世代，便是他們達致良治的盲點，也是他們步向不可逆轉衰落的根本原因。

一人一票民主在西方國家，特別是美國，已不再是政治理念，而是變成了一種不可觸碰（untouchable）的宗教信仰。也因如此，一人一票民主下各種制度引發與產生的弊端，他們已沒有人敢觸碰，更遑論改革。

　　中國作為一個非一人一票民主國家的崛起，在西方民主國家不斷衰敗的背景下出現，使得以美國為首的西方民主國家越來越不自信。不論喜歡與否，作為中國人必須清楚認識的是：為全面遏制中國冒升、維持西方民主大國主導國際秩序與話語權，而挑起針對中國的全面冷戰已悄然發生。

　　美國挑起的中美冷戰是全面的，涵蓋了（一）貿易戰，（二）科技戰，（三）貨幣金融競爭，以至（四）制度優劣的競爭，與（五）政治意識形態和（六）道德價值話語權的爭奪。

　　美國很清楚從硬實力而言，與中國進行熱戰，是沒有可能戰勝中國而自身不用承受美國承受不了的損傷的。因而美國在防範與中國軍事對峙時擦槍走火意外的同時，針對中國主要的是軍事對抗以外的競爭。而冷戰範疇的競爭中，以美國為首的西方民主國家深知以中國產業結構遠勝於歐美，以至中國在科技與金融領域的潛在實力，使他們在貿易戰與科技戰中無可能擊倒中國。

　　美國拜登政府與特朗普政府的鹵莽不同，拜登政府深知在貿易戰中無可能戰勝中國；科技戰中也無能力壓制中國的不斷發展與超越；制度優劣的比較，一次新冠疫情已令全世界各國看清西方崇尚個人的制度，相比於他們鄙視的中國重視集體的制度，並沒有過人之處，反而暴露了西方崇尚個人主義制度的弊端。

　　冷戰範疇下，中國必須認真面對的，便是美國運用金融貨幣

霸權作為冷戰武器,可能對中國造成的傷害和政治意識形態與道德價值話語權的爭奪。拜登政府深知與中國進行貿易戰、科技戰與制度競爭,已不可能是冷戰的工具選項。貨幣與金融並不可能是美國能隨便動用的工具;因為一旦以貨幣及金融作為對中國的冷戰武器,傷及的不單是中國,也是美國及其盟友。

而剩下來的便是對美國來說成本極低、甚至甚麼成本也不用付出的政治意識形態的競爭與道德價值話語權的爭奪。拜登在今年初上任,便聲言要籌組國際的民主國家聯盟針對中國,接着來對中國一系列政治意識形態道德價值的進攻,最近就新疆現狀的造謠與抹黑,正正是利用政治意識形態與道德價值話語權的爭奪對中國發動的強攻。

在硬實力的競爭中不能壓制中國,而希望發動「口水戰」意圖以虛假信息,造謠抹黑中國來壓制中國,可以看出美國為首的西方國家的黔驢技窮。中國與中國人要做的,是自信,是做好自己、說好中國。因而中國政府在外交宣傳加大力度正是做了正確的事。世界是多元的,政治意識形態的選擇,不同道德價值的取捨,並不由幾個殖民統治時代遺留下來的霸權國家說了算,而強加諸於其他國家。

以美國政治精英為首小丑般的西方民主國家的政客,為自己的權位、為維護掩飾自己的治國無方與無能,而抹黑中國找替罪羔羊,發動對中國的冷戰。中國毋須懼怕與美國冷戰,而且也躲不了。中國毋須畏懼冷戰的原因,是美國社會為數不少的民眾正在如宗教原教主義者擁護宗教領袖般,毫不質疑地相信譁眾取寵政客的謊言,任由政客與政治精英操弄,顯示的是在民粹主義氾

濫與被操弄的狂潮中，美國政客、政治精英與利益集團勾結下美國社會的不斷衰敗；而在美國霸權的脅迫下，緊隨美國的西方民主盟友，也被綁上了急速向衰敗深淵狂衝的冷戰戰車。

（原文發表於 2021 年 5 月 17 日）

西方國家在香港進行的「認知戰爭」

30 多年前,我的女兒還是二、三歲的幼兒時,香港的物質資源雖然豐裕,但給兒童玩的只有傳統的玩具,缺乏創意而少選擇。當時一些小動物如巴西龜與沒有禽流感時代剛孵化出來的小雞,也成了兒童的玩伴。

那年代,一些賣兒童玩具的小店偶爾也有一大盤的剛孵化出來的小雞。我那二、三歲的女兒看見生動吱吱叫的小雞,興奮得伸手拿起小雞玩。那時候很多小孩也是這樣,直至有一天,一個老人家忽然神情很嚴肅地告訴我的女兒,手上那隻小雞很骯髒而且會抓人、很危險的。從此我的女兒也再不敢觸碰剛孵化出來的小雞了。

那是成年人灌輸給一個如白紙一般的稚童對初生小雞的認知(cognition)。對某一種事物沒有任何經歷與知識的人,對某種事物的認知往往就是他碰上的第一個人給他的。

不同背景的人對同樣的事物,會有不同的認知。一個富爸爸的女兒在家裏遇上甲由,她的父親和母親會對她說甲由很骯髒、有細菌,別碰它,快叫菲傭把它打走。富爸爸的女兒從此對甲由

的認知是避開它、恐懼它。窮爸爸的女兒同樣遇上甲由，她的父母同樣會說甲由很骯髒、有細菌；但同時會對他的女兒說趕快打死它把它處理掉。窮爸爸的女兒從此對甲由的認知便是不必恐懼骯髒的甲由，而是必須把它除掉。

認知科學（Cognitive Science）原本是從 1950 年代開始發展的一門社會科學，研究範疇主要研究人們的感知、語言運用、記憶與注意力而產生對客觀事物認識與應對的心理過程。

認知科學的理論後來被運用到常規熱戰以外的軍事對抗中。「認知戰爭」（Cognitive Warfare）或「信息戰」（Information Warfare）一詞在 1991 年海灣戰爭後開始出現。

簡單來說，「認知戰爭」包含了三個範疇的對抗，亦即輿論、心理與法律戰，配合資訊科技完成。「認知戰爭」的詳細操作包括：

（一）　在輿論上通過資訊科技取得先機，亦即網羅大量新舊媒體，建立龐大的輿論戰陣地。

（二）　尋找與選擇公眾易於理解與掌握的話題。如「大規模殺傷力武器」、「恐怖主義」、「反獨裁」、「民主」、「人權」、「個人自由」、「性別歧視」、「性傾向歧視」、「政治迫害」、「種族歧視」、「種族滅絕」等黑白分明隨手可取的口號式、但難於深入理解的話題作先入為主的論述，爭取最廣泛的輿論支持。

（三）　不斷重複簡單而沒有深入分析的口號式的論述，在聲勢上壓倒對手。在支持者中不斷灌輸洗腦，以部分事實與大部分謊言製造立場，使之成為信念。

同時也鼓動被洗腦的部分人把信念訴諸行動以擴大影響。

(四)　通過所掌控的龐大的資訊網絡，製造龐大的「同溫層」，在「同溫層」中不斷通過掌控的媒體強化論述；同時也完全把社會上不同觀點排擠於「同溫層」外。

(五)　對對手的還擊採取冷處理。通過社會上每天大量流動的資訊，令「同溫層」中的追隨者迅速忘記對手的還擊理據。

(六)　與持相同信念或具共同利益的團夥建立同盟，壯大聲勢，對對手進行抹黑及對對手制度的正當性進行污蔑，以及對對手的領袖進行人格謀殺。

「認知戰爭」包含的不單是通過資訊的灌輸，對每一個人作為個體對客觀現狀從個人思維、情感、信仰與價值觀塑造出的認知，也包含了對宣揚這種認知的輿論網絡的構建與擴張。

在 2021 年回望 2012 年的反「國教」、2014 年的非法「佔中」，到 2019 年的反修例風波引發香港大量年輕人加入反政府行列，配合《香港國安法》出爐後，揭發出眾多反特區政府領軍人物與外國政要的交往，可以看出以美國為首的西方國家，因為政治意識形態與中國的巨大差異，而以香港作為突破口對中國人進行的「認知戰爭」，其實很早以前已經開始。

而對英國而言，「認知戰爭」便是不斷重複以 1984 年由中英兩國簽署、早已不再有任何實質法律意義的《中英聯合聲明》說事，對中國進行攻擊。反覆混淆視聽，把香港說成是幾乎獨立於中國以外的政治實體，而從不提及香港在《基本法》下的新憲制

秩序比英殖民地政府更為民主的事實。這便是對中國近代史缺乏認識的香港年輕人，提供一種以西方價值觀與站在西方國家利益立場，而對香港以至國家現狀灌輸的認知。

香港很多很多的年輕人，長期單方接受西方價值的灌輸，因缺乏對中國近代史的認識而貶低中國現行共產黨領導下的體制與中國傳統的價值，漠視民族利益，並對西方世界產生烏托邦式嚮往的虛幻想像與脫離現實的認知。那便是西方國家長期進行且不為人留意的「認知戰爭」的延續與結果。

西方國家早年以西藏為焦點抹黑中國失敗了，轉而最近美國以指稱新疆維吾爾族被強迫勞動與種族滅絕的荒誕謊言來抹黑中國。甚而拉攏歐盟與日、澳、韓諸國，在全球範圍內對中國發動宣傳輿論攻擊，以民主對抗不民主的二元化思維塑造西方國家國內民意，並進一步影響其他國家的民意走向；這恰恰便是以美國為首的西方國家，過去近十年在香港與眾多被進行顏色革命國家，默默地進行的「認知戰爭」的元素。

面對以美國為首的西方國家對中國內地以至香港進行的「認知戰爭」，從香港的利益出發，必須進行有效的防守，並且必須在廣大年輕人羣體中推廣以忠於客觀歷史與現實為基礎，建立對香港與中國現況與世界大環境有異於西方國家論述的認知，並為此而創造條件。

很明顯中央政府意識到目前中美對抗中，其中一個重要的戰場便是「認知戰爭」戰場。特別是在年輕人對中國歷史與現狀缺乏認識的香港，對國家以及香港特區的歷史與現狀的客觀認知，特別是對主導引領中國發展的中國共產黨的客觀認知至為重要。

殖民統治時代以至殖民統治時代終結至今，在香港公開談論中國共產黨很大程度上仍然是禁忌，大多數人對此噤若寒蟬。單是表達對中國共產黨的認同便往往會被指為「舔共」，更別說公開讚揚中國共產黨引領中國取得的成就。香港那麼多人對中國共產黨存在那種扭曲了的認知，無視中國共產黨帶領近代中國取得巨大成就的客觀事實，而盲目反共，反映了作為中國人必須承認的是：西方國家在香港長期默默進行的「認知戰爭」，已取得了巨大的勝利。

　　最近，在香港舉辦了一個名為「中國共產黨與『一國兩制』」的主題論壇。多位特區政府行政會議成員與特區政府高官，公開讚揚中國共產黨引領中國取得的成就，可以說是在西方國家在香港進行、而且一直取得優勢的「認知戰爭」中，開始發動對西方的「認知戰爭」進行第一次正面與實質的反擊。

　　其實認知沒有所謂正確不正確。重要的是學習中的年輕人，對客觀事物與現狀的認知，必須建基於客觀的事實與證據，而且必須以客觀的態度檢視分析事實與證據；而在建立對客觀事物與現狀的認知過程中，分辨偽訊息與道聽途說或故意散播沒有根據的謊言。

　　更重要的是在香港「一國兩制」的特殊環境下，年輕人對客觀事物與現狀的認知，必須建基於對自身國族身份的清晰認知。過去接近十年，香港年輕人對香港政治現狀的不滿而躁動不安，在大量口號式的信息衝擊下而萌芽出對香港與內地對立的二元化思維、與對內地政府與人民存在一種不問原由的排擠，根源便是香港年輕人對自身國族身份沒有清晰的認知。

在香港年輕人中瀰漫着的是一股國族身份模糊,由是而產生無知的戀殖、反共與反中的氛圍。別說是加強自我認知為「香港人」的年輕人對中國共產黨的認識,即使是加強自我認知為「中國人」的青年對中國的認識與國家情懷、扭轉幾十年來西方國家對香港人灌輸的,對國家以至中國共產黨的扭曲認知,也將會是非常艱辛的過程。必須通過長時間不斷努力,才有望可以看見成果。

(原文發表於 2021 年 6 月 23 日)